Carnet d'activités

Förderübungen

In diesem Beiheft findest du weitere Übungen.
Sie sollen dich unterstützen, die *Fais-le-point*-Aufgaben erfolgreich zu lösen.

Die Lösungen zu den Förder- und Zusatzübungen findest du online. ▶ Code S. 1

Unité 1

1 Qu'est-ce qu'on dit?

a Que font les personnes? Trouve le bon verbe pour chaque activité. | Was machen die Personen? Finde das richtige Verb für die Tätigkeiten. (▶ Repères, Qu'est-ce qu'on dit?, p. 24)

se coucher
se dépêcher
s'habiller
se lever
prendre sa douche

_____ _____ _____

b Relie, puis écris les formes. | Verbinde und schreibe dann die Verbformen auf. (▶ Verbes, p. 161)

je	se	dépêchent
tu	vous	habillez
il/elle/on	m'	couche
nous	se	lèves
vous	te	habille
ils/elles	nous	levons

Singular

1. _____
2. _____
3. _____

Plural

1. _____
2. _____
3. _____

2 Wortschatz

Quelle expression va avec quelle image? Note la lettre dans la bonne case. | Welche Redewendung passt zu welchem Bild? Schreibe den Buchstaben in das entsprechende Kästchen. (▶ Liste des mots, p. 168–174)

a faire un tableau   **b** perdre l'équilibre   **c** se dépêcher   **d** courir
e construire un escalier   **f** manger de la pizza   **g** indiquer la direction
h faire une balade sur le fleuve   **i** manger une glace   **j** vendre des vieux livres

3 Le pronom *y*

Pauline parle de Paris. Retrouve l'ordre des mots dans les phrases. | Pauline erzählt von Paris. Finde die richtige Reihenfolge wieder. (▶ Repères, p. 24)

Les Tuileries? suis quand j'étais petite. y allée J'

_____

La Tour Eiffel? montée. n'y suis Je jamais

_____

Antony? habiter. Mon père y voulait

_____

Le boulevard Barbès? faire du shopping avec ma mère. J' adore y

_____

L'île de la Cité? On les glaces y de Paris. meilleures trouve

_____

La Seine? y On une en bateau. peut balade faire

_____

Le Louvre? célèbres. y tableaux trouve On très des

_____

1

4 L'imparfait

a Entoure dans chaque ligne les verbes à l'imparfait. | Kreise in jeder Zeile die Formen im *imparfait* ein. (▶ Repères, p. 25)

1. va – allais – allons – alliez – vont – aller
2. manger – mangeais – mange – avez mangé – mangions – mangent
3. a – avait – avez – a eu – avaient – aviez
4. vend – vendais – vendaient – a vendu – vendions – ont vendu – vendez
5. était – suis - sommes – été – être – étions – êtes
6. ont voulu – vouloir – veulent – voulait – voulons – voulions – vouliez
7. agir – agissons – agissais – a agi – agissiez – agissent – agissaient

b Stéphane parle d'aujourd'hui et d'autrefois. Complète les phrases par les verbes à l'imparfait. | Stéphane erzählt von heute und früher. Ergänze die Sätze mit dem Verb im *imparfait*.

1. Maintenant, je veux devenir ingénieur. Quand j'étais petit, je _____ devenir joueur de foot.

2. Maintenant, mon frère est fan de rock. Mais autrefois, il _____ fan de rap.

3. Aujourd'hui, tous les jeunes ont un smartphone. Mais autrefois, ils

   n'_____ pas de portable.

4. Aujourd'hui, nous achetons les vêtements sur Internet. Autrefois, nous

   _____ les vêtements dans les magasins.

5 L'imparfait et le passé composé

Imparfait ou passé composé? Entoure la bonne réponse. | *Imparfait* oder *passé composé*? Kreise die richtige Antwort ein. (▶ Repères, p. 25)

Hier, j'allais / je suis allé sur l'île de la Cité avec Sylvain et Mathilde. Devant Notre-Dame, des artistes faisaient / ont fait de la musique. C'était / Ça a été cool.

Mais tout à coup, je sentais / j'ai senti un truc dans mon sac, je regardais / j'ai regardé et qu'est-ce que je voyais / j'ai vu:

Mon sac était / a été ouvert et mon portable n'était plus / n'a plus été dedans. C'était / Ça a été l'horreur!

Je criais / J'ai crié et Sylvain et Mathilde venaient / sont venus. Nous cherchions / avons cherché le voleur, mais nous ne le trouvions pas / ne l'avons pas trouvé.

J'étais / J'ai été triste. Alors Sylvain et Mathilde m'offraient / m'ont offert une glace chez Berthillon pour me consoler.

6 Die Verben *construire, courir* und *suivre*

Complète les phrases par le verbe qui convient et écris son infinitif dans les parenthèses. | Ergänze die Sätze mit der passenden Verbform und schreibe den Infinitiv in Klammern.
(▶ Repères, p. 25)

> a construit   construit   cours   courent   suivais   suivent

1. Elle _____ une armoire!
   (_____)

2. Ils _____ leur mère!
   (_____)

3. Je _____ pour gagner!
   (_____)

4. Il _____ une tour pour son fils!
   (_____)

5. Ils _____ pour avoir le train!
   (_____)

6. Je _____ le bus quand la voiture est arrivée!
   (_____)

Unité 2

1 Qu'est-ce qu'on dit?

Comment est-ce qu'on dit cela en français? Relie. | **Wie drückt man das auf Französisch aus? Verbinde.** (▶ Repères, p. 24)

Ich habe Abstand genommen.	**1**	**a**	J'ai lu le livre en une fois.
Ich habe ihn verteidigt.	**2**	**b**	J'ai pris mes distances
Das ist ein Freundschaftsbeweis.	**3**	**c**	L'histoire me plaît beaucoup.
In diesem Film amüsiert man sich sehr.	**4**	**d**	Il y a du suspense.
Man lacht vom Anfang bis zum Ende.	**5**	**e**	Dans ce film, on s'éclate.
Es gibt Spannung.	**6**	**f**	On rit du début à la fin.
Das ist eine rührende Szene.	**7**	**g**	C'est une preuve d'amitié.
Die Geschichte gefällt mir sehr gut.	**8**	**h**	C'est une scène touchante.
Ich habe das Buch in einem Zug gelesen.	**9**	**i**	J'ai pris sa défense.

2 Wortschatz

a Retrouve les mots. Écris les noms avec l'article défini et les adjectifs avec la forme masculine et féminine. | Finde die Wörter wieder und schreibe die Substantive mit dem bestimmten Artikel und die Adjektive auf. Schreibe auch die weibliche Form der Adjektive auf.
(▶ Liste des mots, p. 176–181)

1. aiiémt _____ cnfncoiae _____

   scrtee _____ eoffrt _____

   dcvréeoi qn _____ se mqroue de qn/qc _____

2. eaééxgr _____ fraie du bnie _____

   euyeunnx _____ plraie à qn _____

3. thmèe _____ prsnngeoae _____

   rmnoa _____ rltneaio _____

   aoueumrx _____

b Complète ce que ces jeunes disent par les mots de **a**. Attention: cinq mots sont au pluriel! | Ergänze, was die Jugendlichen sagen, mit den Wörtern aus **a**. Fünf Wörter sind im Plural.

1. Pour moi, la _____ est très importante en _____.

   Un ami ne doit jamais te _____. Un ami doit garder tous les

   _____ pour lui. Un ami doit faire des _____ pour

   toi. Et il ne doit jamais _____ toi!

Förderübungen Unité 2

2. Va voir «Les profs»! Ce film va te _____. Il n'est pas du tout _____. L'histoire n'est pas réaliste et il y a beaucoup de scènes _____, mais tu vas rire, ça va te _____!

3. Tu as lu «Le bon Antoine» de Marie Desplechin? Moi, j'ai bien aimé ce _____ sur le _____ de l'amitié. L'auteure décrit très bien les _____ entre les _____. Antoine est _____ de Lison. Il est trop touchant!

3 Die Adverbien auf -ment

a Complète le tableau. | Ergänze die Tabelle. (▶ Repères, p. 44)

	adjectif	adverbe
1.	terrible	terriblement
2.	triste	
3.		facilement
4.	calme	
5.	ouvert, ouverte	
6.		courageusement
7.	sérieux, sérieuse	

b Complète les phrases par les adjectifs et les adverbes de a. Pense à l'accord des adjectifs! | Ergänze die Sätze mit den Adjektiven und Adverbien aus a und denke an die Angleichung des Adjektivs.

1. Je garde un souvenir __terrible__ de cette journée. → Ça me déçoit __terriblement__.

2. Tu pleures! Pourquoi est-ce que tu es _____? → Pourquoi est-ce que tu me regardes _____?

3. Pour mon copain, tout est _____! → Il trouve _____ des solutions aux problèmes.

4. Lili est une fille _____. → Elle réfléchit _____ aux problèmes.

5. Asma est très _____. → Elle dit _____ ce qu'elle pense.

6. C'est aussi une fille _____. → Elle agit _____ sans avoir peur.

7. Et on peut compter sur elle: elle est _____. → Avec elle, on peut parler _____.

4 Die Adjektive auf *-al*

a Relie. | Verbinde. (▶Repères, p. 45)

| 1. des vêtements *m. pl.* | originales / original / originaux / originale | 3. un endroit | idéale / idéaux / idéal / idéales | 5. le thème | principal / principale / principaux / principales |
| 2. une histoire | génial / géniale / géniales / géniaux | 4. des relations *f. pl.* | normale / normaux / normal / normales | 6. la famille | royal / royales / royale / royaux |

b Complète les phrases par les éléments de a. | Ergänze die Sätze mit den Wörtern aus a.

1. Max m'a raconté _____ !

2. Je connais _____ pour faire du roller!

3. L'amitié est _____ de ce film.

4. J'aime porter _____ mais pas chers.

5. J'aime les romans dans lesquels les gens ont _____.

6. J'ai lu un livre sur _____ de Belgique.

5 Das Relativpronomen *lequel*

a Entoure la bonne réponse. | Kreise die richtige Antwort ein. (▶Repères, p. 45)

Meriem: Allez, on fait le test! 1. Un objet sans laquelle / **lequel** tu es perdue.
Sila: Mon smartphone bien sûr!
Meriem: Oui, pour moi aussi! 2. Une vraie amie, c'est …
Sila: une personne sur **laquelle** / lesquelles je peux compter.
Merien: Ah, pour moi, c'est plutôt une personne avec **lesquelles** / laquelle je peux faire un tas de trucs. … 3. Tu aimes les romans …
Sila: dans **lesquelles** / lesquels on s'identifie avec le personnage principal.
Meriem: Oui, moi aussi! 4. Tu aimes mettre …
Sila: des baskets dans **lesquelles** / lesquels on peut faire des kilomètres!
Meriem: Moi, aussi.

Förderübungen Unité 2

b Entoure la bonne préposition et complète par une forme de *lequel*. | Kreise die richtige Präposition ein und ergänze mit der passenden Form von *lequel*.

Mendel: Super, ce film! Il y a un tas de scènes avec / dans _____ on rigole!

Dana: Ce film pendant / pour _____ j'ai ri et pleuré est très touchant.

Flora: C'est vrai! J'ai adoré la scène où Paula retrouve la fille sans / avec _____ elle a passé des années ! Trop touchant!

Mendel: Oui, parce que c'est la seule amie avec / sur _____ elle peut compter.

Dana: Moi, j'ai préféré la scène où elle va voir les gens chez / sans _____ elle vivait quand elle était petite.

6 Relativsätze mit *ce qui* und *ce que*

a Relie. | Verbinde. (▶ Repères, p. 45)

Je ne sais pas ce que tu penses. **1**
Je ne sais pas ce qui te plaît. **2**
Je ne sais pas ce que tu aimes. **3**
Je ne sais pas ce qui t'intéresse. **4**

a Ich weiß nicht, was du magst.
b Ich weiß nicht, was dich interessiert.
c Ich weiß nicht, was dir gefällt.
d Ich weiß nicht, was du denkst.

b Complète les phrases par *ce qui* ou *ce que*. | Ergänze die Sätze mit *ce qui* oder *ce que*.

1. Dis _____ tu veux faire.
2. Racontez _____ vous avez vu.
3. Je ne vois pas _____ te dérange.
4. Je voudrais savoir _____ vous déçoit.

7 Die Verben

Complète les phrases par le verbe qui convient et écris son infinitif dans les parenthèses. | Ergänze die Sätze mit der passenden Verbform und schreibe den Infinitiv in Klammern. (▶ Verbes, p. 158–160)

> déçois   vivent   plaît   sait   riez

1. Pourquoi est-ce que vous _____ bêtement? (_____)

2. Il me _____ trop, ce garçon! (_____)

3. Ils _____ à Paris. (_____)

4. Il ne fallait pas raconter ça à Max! Tu me _____. (_____)

5. Ma meilleure amie _____ tout sur moi. (_____)

Unité 3

1 Qu'est-ce qu'on dit?

Léane fait une présentation sur le Québec. Retrouve l'ordre des mots dans les phrases. | Léane macht eine Präsentation über das Québec. Finde die richtige Reihenfolge wieder.
(▶ Repères, p. 66)

1. 1534, le En le Canada. navigateur découvre Jacques Cartier français
2. 1763, le devient En anglais. Canada
3. Le plus du provinces Québec grande la des Canada. est dix
4. Québec. est plus ville mais La Montréal, est la grande capitale
5. Québec compte d'habitants. huit millions Le
6. français. La officielle le est langue
7. parle Québec, inuktitut. on aussi et anglais Au

1. _____
2. _____
3. _____
4. _____
5. _____
6. _____
7. _____

2 Wortschatz

a Fais les mots croisés. | Löse das Kreuzworträtsel.
(▶ Liste des mots, p. 182–190)

b Complète les phrases par les mots de a. | Vervollständige die Sätze mit den Wörtern aus a.

1. Dans la _____, on a vu des animaux: un _____ et on a même vu un _____, mais on n'a pas eu peur!

2. Au Québec, en hiver, il peut faire très froid et il faut aimer la _____.

3. Oh, regarde! Là-bas, devant le bateau, il y a une _____ et son petit!

4. Il y a beaucoup de poissons dans cette _____.

5. Tu aimes le _____? C'est une spécialité québécoise.

6. La _____ est plus rapide que le _____.

3 Die Präpositionen und Artikel vor Ländernamen

a Féminin ou masculin? Écris les noms de pays avec l'article défini. | Weiblich oder männlich? Schreibe die Ländernamen mit dem bestimmten Artikel auf. (▶ Liste alphabétique, p. 202–218)

> Allemagne   France   Portugal   Chine   Tunisie   Inde   États-Unis
> Suisse   Belgique   Canada

féminin _____

_____

masculin _____

_____

b Que dit Justin? Entoure le bon pays. | Was sagt Justin? Kreise das richtige Land ein. (▶ Repères, p. 66)

1. Je viens des États-Unis / Chine.
2. J'ai vécu au Tunisie / Portugal.
3. Maintenant, je vis en Inde / Canada.
4. Je connais bien le Belgique / Portugal et les États-Unis / Suisse.
5. Plus tard, je voudrais m'installer en Portugal / Allemagne.

c Complète les phrases par une préposition ou un article.

1. Johannes vient ____ Allemagne.
2. Moi, je ne connais pas ____ Allemagne.
3. Moi, j'ai une tante qui vit ____ Allemagne.
4. John vient ____ Canada.
5. Tu es déjà allé ____ Canada?
6. L'an dernier, on a visité ____ Canada.

4 Die Frage mit *qui est-ce qui, qui est-ce que* und *qu'est-ce qui*

a Réponds aux questions. | Beantworte die Fragen. (▶ Repères, p. 66)

1. Marie a visité le Nunavik. **Qui** est-ce **qui** a visité le Nunavik? — Marie

2. Olivia invite ses nouveaux copains à Québec. **Qui** est-ce **qu'**Olivia invite à Québec? — _____

3. La nature me plaît au Nunavik. **Qu'**est-ce **qui** te plaît au Nunavik? — _____

4. À Montréal, je vais visiter la ville souterraine. **Qu'**est-ce **que** tu vas visiter à Montréal? — _____

b Complète les questions. | Vervollständige die Fragen. (▶ Repères, p. 66)

1. – _____ joue le rôle principal dans «Intouchables»?

   – **Omar Sy** joue le rôle principal dans «Intouchables».

2. – _____ vous allez voir après les cours?

   – On va voir **Sacha et Léon** après les cours.

3. – _____ te dérange ici?

   – **Tout** me dérange ici!

4. – _____ ils ont vu en Gaspésie?

   – En Gaspésie, ils ont vu **des paysages magnifiques**!

5. – _____ peut m'aider?

   – **Mario** peut t'aider!

5 Das *passé composé* der reflexiven Verben

a Qu'est-ce qui va ensemble? Relie puis écris les phrases. | Verbinde und schreibe die Sätze auf. (▶ Repères, p. 67)

1. Alors, vous		suis levé et je suis parti.
2. Non, on	me	est ennuyés!
3. Les garçons	t'	sont préparés avant de sortir.
4. Lili et Lisa	s'	es baignée dans le lac?
5. J'en ai eu assez, alors je	nous	êtes amusés à la fête?
6. La nouvelle élève	vous	est présentée à la classe.
7. Océane, est-ce que tu	se	sont promenées en ville.
8. Nous		est dépêché pour ne pas rater le métro.
9. Léo		sommes retrouvés devant la gare.

1. _____

2. _____

3. _____

4. _____

5. _____

6. _____

7. _____

8. _____

9. _____

b Qu'est-ce qu'ils ont fait? Mets ces phrases au passé composé.

1. Samuel se prépare pour aller à la fête chez Dan. Là-bas, les jeunes s'amusent bien! Samuel se couche à deux heures du matin.

2. Malika et Dounia se lèvent à sept heures. Elles se préparent et Dounia se dépêche pour être à l'heure.

_____

_____

_____

_____

6 Der Infinitivsatz mit *avant de*

Qu'est-ce que Lucien a fait hier? Retrouve le bon ordre. | Was hat Lucien gemacht? Finde die richtige Reihenfolge wieder.

Dimanche, Lucien a joué au foot avec ses copains avant d'aller chez son grand-père. Avant de rentrer, il est passé chez un copain. Après le dîner, il a regardé la télé avec ses parents. Avant de se coucher, il a lu sur son lit.

3

7 Das Pronomen *en*

a Voyage au Québec: Relie. | Reise ins Québec: Verbinde. (▶Repères, p. 5)

Est-ce qu'il faut du sirop d'érable pour la poutine? **1**

Est-ce qu'on peut voir des baleines au Québec? **2**

Est-ce que tu connais des mots d'inuktitut? **3**

Est-ce que tu as déjà visité un parc national? **4**

Est-ce que tu voudrais voir des ours en liberté. **5**

Est-ce que tu as déjà fait de la motoneige? **6**

a Oui, on peut en voir sur le Saint-Laurent, par exemple.

b Non, je n'en ai jamais fait.

c Non, il n'en faut pas!

d Oui, j'en connais deux ou trois.

e Oui, j'en ai visité un.

f Oui, mais je ne voudrais pas en voir de près!

b Réponds aux questions. Utilise *en*. | Antworte auf die Fragen. Verwende *en*.

1. Est-ce que tu as déjà fait une tarte au sirop d'érable?

   Non, _____

2. Est-ce que Lili voudrait faire une randonnée en traîneau?

   Oui, _____

3. Est-ce que vous avez déjà mangé de la poutine?

   Oui, _____

8 Die Steigerung des Adverbs

a Complète les phrases. Utilise le comparatif de l'adverbe. | Vervollständige die Sätze. Verwende den Komparativ der Adverbien. (▶Repères, p. 67)

| aussi bien que   mieux que   moins bien que   plus loin que   moins vite que   plus vite qu' |

1. En avion, on va _____ en train. *(schneller als)*

2. Chloé chante bien! Elle chante _____ son frère. *(besser als)*

3. Akiak dessine _____ son frère. *(genauso gut wie)*

4. L'école d'Olivia est _____ l'école de Félix. *(weiter als)*

5. Ma motoneige marche _____ la motoneige de Gabriel. *(weniger gut als)*

6. On ne va pas prendre le bus! Ça va _____ le métro. *(weniger schnell als)*

b Complète les phrases. Utilise le superlatif de l'adverbe. | Vervollständige die Sätze. Verwende den Superlativ der Adverbien. (▶ Repères, p. 67)

> le mieux   le moins souvent
> le plus   le plus vite

1. Aron déteste ranger sa chambre. Il la range _____ possible.

2. Tu veux savoir qui chante _____ ? C'est Farida parce qu'elle a la plus belle voix de toute la chorale!

3. Qui, de vous deux, court _____ ? Toi ou ta sœur?

4. L'album de Stromae que j'aime _____ ? Le deuxième! Il est vraiment bien.

9 Mengenangaben mit *plus de*, *moins de* und *autant de*

a Vrai ou faux? Coche la bonne réponse. | Richtig oder falsch? Kreuze die richtige Antwort an.

1. Dans la bouteille de droite, il y a plus de lait que dans la bouteille de gauche. ☐
2. Sur la table de droite, il y a autant de bananes que sur la table de gauche. ☐
3. Dans le plat de droite, il y a moins de gâteau que dans le plat de gauche. ☐
4. Dans le sac de droite, il y a plus de cahiers que dans le sac de gauche. ☐
5. Sur l'étagère de droite, il y a autant de livres que sur l'étagère de gauche. ☐
6. Dans le placard de droite, il y a plus de paquets de biscuits que dans le placard de gauche. ☐

b Corrige les phrases fausses. Utilise *plus de*, *autant de* ou *moins de*. | Korrigiere die falschen Sätze. Verwende *plus de*, *autant de* oder *moins de*.

_____

_____

_____

_____

Unité 4

1 Qu'est-ce qu'on dit?

a Souligne l'intrus. | Was gehört nicht dazu? Unterstreiche. (▶ Liste des mots, p. 191–196)

1. C'est dégueulasse!   C'est bizarre!   C'est dégoutant!   C'est horrible!

2. Tu mens!   Tu ne dis pas la vérité!   Ne me parle pas sur ce ton!   N'importe quoi!

3. Excuse-moi.   Je reconnais que ce n'était pas bien.   J'ai fait une faute.   C'est le hasard!

4. J'en ai marre!   Je te fais confiance!   Je te respecte!   Je te crois!

b Relie. | Verbinde.

Dans ma famille, ce n'est pas nous qui faisons le ménage. **1**

Chez nous, on s'organise. **2**

Moi, je n'aime pas ranger et nettoyer l'appartement. **3**

Mon frère râle toujours quand il faut faire quelque chose. **4**

a Alors je sors le chien et les poubelles.

b Chacun fait une tâche ménagère.

c Il y a une femme de ménage qui vient.

d Pour lui, tout est pénible, mais moi, je crois que c'est lui qui est pénible!

2 Der Imperativ mit Pronomen

a Complète. Dis le contraire. | Ergänze. Sage das Gegenteil. (▶ Repères, p. 88)

1. – Ne me regarde pas quand je te parle!   – Mais si, regarde-_____ quand je te parle!

2. – Ne te lève pas à 7 heures.   – Mais si, lève-_____ à 7 heures.

3. – Ne lui fais pas confiance.   – Mais si, fais-_____ confiance.

4. – Ne le regardons pas au cinéma.   – Mais si, regardons-_____ au cinéma.

5. – Ne la crois pas.   – Mais si, crois-_____.

6. – Ne nous invitez pas à la fête.   – Mais si, invitez-_____ à la fête.

7. – Ne vous promenez pas au parc.   – Mais si, promenez-_____ au parc.

8. – Ne les écoute pas.   – Mais si, écoute-_____.

9. – Ne leur dis pas la vérité.   – Mais si, dis-_____ la vérité.

b Complète. Utilise l'impératif. | Ergänze. Verwende den Imperativ.

1. – Je suis en retard!

   – Alors _____-toi.

   se dépêcher   dire   faire   reconnaître

2. – Ma mère croit que je suis encore un enfant!

   – Alors _____-lui que tu as 15 ans!

3. – Annabelle connaît mon secret.

   – Ce n'est pas grave. _____-lui confiance!

4. – Je n'ai pas lu ton profil.

   – Ce n'est pas vrai! _____-le!

3 Die *mise en relief*

a Marielle montre son smartphone à son arrière-grand-mère. Complète les phrases par *qui* ou *que/qu'*. | Marielle zeigt ihrer Großmutter ihr Smartphone. Vervollständige die Sätze mit *qui* oder *que/qu'*. (▶ Repères, p. 89)

1. Ce sont tes parents _____ t'ont offert ce cadeau?

2. C'est cette marque célèbre _____ coûte très cher?

3. C'est comme ça _____ tu fais ces belles photos?

4. C'est ici _____ tu télécharges toutes ces chansons?

5. Ce sont tes amis _____ t'écrivent ces textos?

6. C'est sur ce site _____ tu as trouvé les informations pour ton exposé?

7. C'est avec des personnes que tu ne connais pas _____ tu joues?

8. Moi, ce sont les quiz en ligne _____ je préfère!

9. Et là, c'est ma voix _____ on entend!

b Réécris les phrases. Utilise la mise en relief. | Du möchtest etwas betonen. Benutze die *mise en relief*.

1. J'ai trouvé ça <u>sur le site du lycée</u>. → C'est _____ j'ai trouvé ça!

2. <u>Mario et Louis</u> ont rigolé. → Ce sont _____ ont rigolé!

3. <u>Je</u> l'ai dit aux surveillants. → C'est _____ l'ai dit aux surveillants!

4. Et <u>les surveillants</u> l'ont dit au principal. → Et ce sont _____ l'ont dit au principal!

4

4 Die indirekte Frage

a Des extra-terrestres sont arrivés dans un petit village de France. Les habitants ne peuvent plus parler correctement. Retrouve l'ordre des mots. | Außerirdische sind in einem kleinen französischen Dorf gelandet. Die Einwohner können nicht mehr richtig sprechen. Finde die richtige Reihenfolge wieder. (▶ Repères, p. 89)

1. demain. journaux écrire savoir J'aimerais ce que vont les

2. comment Je arrivés demande ils sont ici. me

3. village. pourquoi Je ne ils sais pas ont notre choisi

4. Nous si demandons nous nous ne devenus pas fous! sommes

5. ce qui passer maintenant? savez se Vous va

1. _____
2. _____
3. _____
4. _____
5. _____

b Les extra-terrestres aussi ont beaucoup de questions. Complète avec *si/s'*, *ce que/qu'*, *ce qui*, *comment*, *quand* ou *pourquoi*. | Auch die Außerirdischen haben viele Fragen. Ergänze mit *si/s'*, *ce que/qu'*, *ce qui*, *comment*, *quand* oder *pourquoi*.

1. «Comment est-ce qu'on dit bonjour chez vous?»

   Il demande _____ on dit bonjour chez nous.

Förderübungen Unité 4

2. «Qu'est-ce qu'on mange ici?»

Il demande _____ on mange ici.

3. «Est-ce qu'il y a des garçons et des filles chez vous?»

Il demande _____ il y a des garçons et des filles chez nous!

4. «Quand est-ce que vous dormez?»

Il demande _____ nous dormons.

5. «Pourquoi est-ce que vous n'êtes jamais venus sur notre planète?»

Il veut savoir _____ nous ne sommes jamais allés sur leur planète.

6. «Qu'est-ce qui va se passer maintenant?»

Il veut savoir _____ va se passer maintenant.

5 Das Verb *croire*

Complète les formes du verbe *croire* avec *croi-*, *croy-* ou *cru-*. | Ergänze die Formen des Verbs *croire* mit *croi-*, *croy-* oder *cru-*. (▶ Repères, p. 89)

1. Nous _____ons que c'est par là. Et vous? Vous ne _____ez pas que ce chemin va à Saint-Martin?

2. Je _____s qu'il va faire beau cet après-midi … Tu _____s que la piscine est ouverte?

3. Ces deux-là sont super amoureux: lui, il _____t que c'est la femme de sa vie, et elle, elle _____t que son copain est génial!

4. Les enfants _____ent souvent que leurs parents ont des pouvoirs surnaturels.

5. Autrefois, je _____ais que le père Noël avait un grand vêtement rouge et blanc.

6. Pendant longtemps, les hommes ont _____ que le soleil était moins important que notre planète.

7. Ils _____ent que tout le monde est gentil! Il ne faut pas _____re tout ce qu'on vous raconte! Il y a des gens qui mentent!

Unité 5

1 Vocabulaire

a Fais les mots croisés. | Löse das Kreuzworträtsel. (▶ Liste des mots, p. 196–201)

b Complète les phrases par les mots de a. | Ergänze die Sätze mit Wörtern von a.

1. La mer méditerranée est plus petite que l'_____ Atlantique.

2. Le temps est bizarre: D'abord il _____ *(p. c.)*, puis il a fait beau.

3. J'ai passé une bonne journée et une bonne _____ chez Elsa.

4. J'ai soif, je voudrais _____ .

5. Tu préfères la vie en ville ou la vie à la _____ ?

6. Arthur a mal aux pieds à cause de ses nouvelles _____ .

7. Pipo et Bella sont des clowns et ils travaillent dans un _____ .

8. Annie adore les chevaux, alors son sport préféré, c'est _____ .

9. Dans une vieille boîte, chez ma grand-mère, j'ai fait une _____ incroyable!

10. Cet exercice n'était pas _____ , je l'ai fait en cinq minutes!

c Le chat a faim. Entoure le bon mot. | Die Katze hat Hunger. Kreise das richtige Wort ein.

1. Le chat a tourné autour de / dans l'aquarium.

2. Le soir, l'aquarium était seul / vide.

Förderübungen Unité **5**

 3. Surcouf a difficilement / sûrement mangé le poisson rouge.

 4. Je ne lui ai donc / tout de suite pas donné de pâté ce soir.

2 être en train de + infinitif / venir de + infinitif

a Lis les dialogues et entoure l'expression qui correspond. | Lies die Dialoge und kreise den richtigen Ausdruck ein. (▶ Repères, p. 107)

1. – Est-ce que je peux emprunter ce livre?
   – Non, je viens de / je suis en train de le lire, je suis désolé!

2. – Est-ce que je peux emprunter cette bédé?
   – Oui, je viens de / je suis en train de la finir, elle est géniale!

3. – Est-ce que je peux manger ce gâteau?
   – Oui, je viens de / je suis en train de le faire, il est encore chaud!

4. – Est-ce que tu es prête?
   – Non, je viens de / je suis en train de me préparer. J'arrive dans cinq minutes!

b Complète les phrases par les formes des verbes *être* et *venir*. | Vervollständige die Sätze mit den Verbformen von *être* und *venir*.

Laura et moi, nous _____ de faire les courses au supermarché. Maintenant Lara _____ en train de faire ses devoirs et moi, je _____ en train de faire la cuisine. Paul et Annie _____ de rentrer. Ils _____ en train de ranger leur chambre. Et toi ... Ah, tu _____ de quitter le bureau? Tu as rencontré Guy? Vous _____ en train d'acheter le pain à la boulangerie? Super, alors à tout de suite!

c Quelle image correspond au texte? Coche-la. | Welches Bild passt zum Text? Kreuze an.

5

3 Das Pronomen *en*

a *En* ou *y*? Complète les mini-dialogues. | *En* oder *y*? Vervollständige die Dialoge.
(▶ Repères, p. 106)

1. Nous revenons de Bretagne.

   Vous _____ revenez contents! Ça vous a plu?

2. Nous allons à Montpellier chez Luc et Sarah.

   Vous _____ allez quand? Dites-leur bonjour!

3. Nous sommes restés toute une journée au parc d'accrobranche.

   Ah bon, vous _____ êtes restés si longtemps? C'est cool!

4. Nous sortons du musée de la mer.

   Ah bon, vous _____ sortez? Et c'était bien?

5. J'ai besoin de ces œufs pour faire des crêpes!

   Tu _____ as besoin? Alors prends-les!

6. Je suis chez Mathilde!

   Ah bon … et tu _____ es depuis longtemps? On te cherche depuis une heure!

b Schreibe auf, bei welchen Verben *en* und *y* stehen.

en: _____

y: _____

c À toi! Réponds aux questions. | Antworte auf die Fragen.

1. – Tu vas au foot?

   – Non, je **n'y vais pas!** _____

2. – Tu sors de ce magasin?

   – Non, je _____

3. – Tu es restée chez Elsa toute la journée?

   – Non, je _____

4. – Tu viens de Paris?

   – Non, je _____

5. Tu as peur des chiens?

– Non, je _____

6. – Tu te balades souvent dans ce parc?

– Non, je _____

4 Das Fragepronomen *lequel*

a Classe les mots et note-les. | Ordne die Wörter zu und schreibe sie auf. (▶ Repères, p. 107)

les baskets   ta veste   un club   des livres   la porte   vos chambres   un gâteau
tes chaussures   une crêpe   les vêtements   nos amis   mon pull

	singulier	pluriel
masculin	lequel?	lesquels?
féminin	laquelle?	lesquelles?

b À toi! Complète. | Ergänze mit dem passenden Fragebegleiter.

1. – Mets tes chaussures! – _____?

2. – Il fait froid, je vais mettre mon pull. – _____?

3. – Mets ta veste! – _____?

4. – À la colo, j'ai choisi un club de sport. – _____?

5. – Je voudrais avoir un gâteau pour mon anniversaire. – _____?

6. – Nos amis vont venir manger chez nous ce soir. – _____?

Kopiervorlage Verbkartei

INFINITIF	Terminaison	Régulier ☐ Irrégulier ☐	Particularité
	PRÉSENT		IMPÉRATIF
	Je/J'		
	Tu		
	Il/Elle/On		
	Nous		
	Vous		
	Ils/Elles		
se conjugue comme:		PASSÉ COMPOSÉ	
IMPARFAIT		FUTUR	

INFINITIF	Terminaison	Régulier ☐ Irrégulier ☐	Particularité
	PRÉSENT		IMPÉRATIF
	Je/J'		
	Tu		
	Il/Elle/On		
	Nous		
	Vous		
	Ils/Elles		
se conjugue comme:		PASSÉ COMPOSÉ	
IMPARFAIT		FUTUR	

Carnet d'activités
Mit eingelegtem Förderheft

Lieber Schüler, liebe Schülerin!

Falls du das eingelegte Heft mit Extra-Förderübungen verloren hast, kannst du es dir downloaden. Gehe auf **www.cornelsen.de/webcodes** und gib folgenden Webcode ein: **APLUS-3-CARNET-EXTRAHEFT**.

 Deine **interaktiven Übungen, Audios** und **Videos** findest du auf scook.de. Dort gibst du den unten stehenden Zugangscode in die Box ein.

Dein Zugangscode auf
www.scook.de

Die Nutzungsdauer für die Online-Übungen beträgt nach Aktivierung des Zugangscodes zwei Jahre. In dieser Zeit speichern wir deine Lernstandsdaten für dich; nach Ablauf der Nutzungsdauer werden sie gelöscht.

Die folgenden aufgelisteten Angebote sind nicht obligatorisch abzuarbeiten.
Die Auswahl der Übungen richtet sich nach den Schwerpunkten des schulinternen Curriculums.
Grün gekennzeichnete Lektionsteile sind fakultativ.

Inhalt

Tu es en forme pour la rentrée?	3
Unité 1 — Bienvenue à Paris	**6**
Tu es en forme pour l'unité 1?	6
VOLET 1	8
VOLET 2	11
VOLET 3	14
Fais le point	18
Module A — Le français en classe	**20**
Unité 2 — Vivre ensemble	**22**
Tu es en forme pour l'unité 2?	22
VOLET 1	24
VOLET 2	26
VOLET 3	30
Fais le point	33
Module B — Je veux qu'il vienne!	**35**
Unité 3 — Vive le Québec!	**37**
Tu es en forme pour l'unité 3?	37
VOLET 1	39
VOLET 2	41
VOLET 3	44
Fais le point	48
Unité 4 — La vie en famille	**50**
Tu es en forme pour l'unité 4?	50
VOLET 1	52
VOLET 2	54
VOLET 3	57
Fais le point	61
Unité 5 — Vacances en Bretagne	**63**
Tu es en forme pour l'unité 5?	63
VOLET 1	65
VOLET 2	68
Fais le point	71
Module E — Si ça continue comme ça, …!	**73**
Annexe	**75**
Lösungen Fais le point	75
Glossar der Übungsanweisungen	80

Tu es en forme pour la rentrée? facultatif

Vocabulaire et expression

1 Lis cette bédé, puis trouve-lui une fin.

2 Karima est nouvelle à Paris et elle cherche des nouveaux amis. Elle se présente sur un forum, mais elle a eu des problèmes avec son nouvel ordinateur. Aide-la et complète le texte.

_____ Karima Ben Jalil. _____ à

Montpellier. Mon père _____ Tunisie. Ma mère _____

Montpellier. Maintenant, _____ Paris. _____ 13 ans et demi.

J'ai trois frères. Je n'ai pas d'animaux. _____, c'est le français.

5 _____ beaucoup la musique. _____ guitare. Après mes

devoirs, _____ guitare pendant dix minutes. _____

la chanteuse Tal! _____ le sport! _____ ski,

_____ handball dans un club et je vais souvent à la piscine.

▶▶▶

Tu es en forme pour la rentrée? 3

Mon plat préféré? Je ne sais pas. _____ fromage, ce n'est pas bon, mais

10 _____ les fruits. Et toi?

Écouter

CD 2

3 **a** Tu es à Paris, à la gare de l'Est. Tu veux aller chez un copain, mais tu ne retrouves pas le chemin. Tu lui téléphones. Écoute et retrouve le chemin.

b Écoute encore une fois. Note le nom de la rue où ton copain habite.

_____

Parler

4 Imagine: Tu rencontres un copain / une copine et tu lui racontes tes vacances. Qui est A et qui est B?

Partenaire A (Ton copain / Ta copine)	Partenaire B (Toi)
– fragt, wo **B** die Ferien verbracht hat.	– antwortet, dass er/sie mit seiner/ihrer Familie im Languedoc-Roussillon war.
– fragt, was **B** dort gemacht hat.	– antwortet, dass sie gezeltet haben, dass sie gewandert und Mountainbike gefahren sind.
– möchte wissen, ob **B** auch eine Stadt gesehen hat.	– bejaht: Sie waren in Nîmes und in Montpellier.
– fragt, ob **B** auch am Meer war.	– bejaht: Sie haben eine Woche in Palavas-les-Flots verbracht und er/sie hat dort einen netten Jungen / ein nettes Mädchen kennengelernt.
– will wissen, wie der Junge / das Mädchen heißt.	– antwortet: Bilal/Zoé.
– fragt, ob **B** seine/ihre Adresse hat.	– bejaht, aber er/sie schickt lieber SMS.

Écrire

5 Réponds à Camille et donne-lui des conseils. Tu peux utiliser un dictionnaire. Écris 40 à 60 mots dans ton cahier.

J'ai trop de devoirs!
Au secours! Je ne finis jamais mes devoirs avant 21 heures, c'est l'horreur! J'ai des problèmes d'organisation et j'ai trop de devoirs! Qu'est-ce que je peux faire?
Camille, 13 ans

Je pense que ___
Je trouve que ___
Il ne faut pas baisser les bras.
Il faut + *inf.* / Il ne faut pas + *inf.*
À mon avis, ___   Essaie!
Tu dois ___   Bonne chance!

4   Tu es en forme pour la rentrée?

Lire

6 Lis l'affiche sur le Midi-Pyrénées. Qu'est-ce qu'on peut faire dans cette région? Fais une liste. Note au moins huit choses.

> admirer   aller   découvrir   faire
> visiter   voir   ___

___

Le Midi-Pyrénées, c'est ...

... la deuxième plus grande région de France. Elle se trouve dans le sud de la France et Toulouse est la capitale de la région avec 450 000 habitants. Toulouse est une ville branchée et dynamique. On monte
5 l'Airbus A 380 à Toulouse! C'est aussi la troisième ville étudiante après Paris et Lyon.

... une région qui attire 16 millions de touristes par an. Il y a des endroits très touristiques comme le village de Rocamadour, le canal du Midi ou la grotte du Mas-d'Azil avec son musée de la préhistoire.

la grotte du Mas-d'Azil

le Vignemale

10 ... une région avec une nature magnifique et des paysages fantastiques. Les Pyrénées, qui vont de la mer Méditerranée à l'océan Atlantique, s'étendent d'est en ouest sur toute la région. Le Vignemale est le plus haut sommet du côté français avec 3 300 m. Le Massif central se trouve dans le nord-est de la région. En montagne, on peut faire du ski en hiver
15 et des randonnées magnifiques ou de l'escalade en été.

... des monuments du Moyen-Âge comme la cathédrale Saint-Bertrand-de-Comminges, qui se trouve sur le chemin de Saint-Jacques de Compostelle, ou le château de Foix.

... des monuments modernes
20 comme le viaduc de Millau, un pont de 343 mètres!

... une région où on aime bien manger. Il y a beaucoup de spécialités comme le foie
25 gras, le cassoulet ou le fromage de Roquefort.

la Cathédrale Saint-Bertrand-de-Comminges

le viaduc de Millau

Médiation

7 À la journée portes ouvertes de ton collège, tes parents, qui aiment la nature, s'intéressent à l'affiche sur le Midi-Pyrénées. Explique-leur de quoi elle parle. Prends des notes en allemand.

Tu es en forme pour la rentrée?

Tu es en forme pour l'unité 1? facultatif

1 a Quel verbe va avec quels compléments? Relie et trouve pour chaque verbe un autre complément.

exister	**1**	**a** dans un appartement – chez ses parents – _____
faire	**2**	**b** le pont – la place – _____
habiter	**3**	**c** une balade – les courses – _____
aller	**4**	**d** au supermarché – à la boulangerie – _____
traverser	**5**	**e** une exposition – une cathédrale – _____
visiter	**6**	**f** depuis le Moyen-Âge – depuis 20 ans – _____

b Écris au moins cinq phrases au présent avec les expressions de **a** dans ton cahier.

2 Quels moyens de transport[1] connais-tu? Écris-les avec l'article défini *le/la*.

_____

_____

[1] le moyen de transport
das Transportmittel

3 a Des élèves français vont passer trois jours à Berlin. Voici leur programme. Complète.

> quartier   départ   visiter   place   balade
> gare   exposition   fermé   programme
> château   retour   musée   auberge de jeunesse

Alors voici le _____ pour les 4 jours! On va dormir à l'_____ qui se trouve dans un _____ branché: Friedrichshain. Lundi matin, on va _____ le Reichstag et ensuite on va faire une _____ en bus sur l'avenue Unter den Linden. Le _____ est à côté de la porte de Brandebourg. L'après-midi, nous allons dans un _____ d'art moderne qui se trouve dans une vieille _____: Hamburger Bahnhof. Il y a une _____ très intéressante. Nous ne pouvons pas visiter le Musée historique allemand: il est _____. Mardi matin, nous allons à Charlottenburg pour visiter le _____: Schloß Charlottenburg! L'après-midi, nous allons visiter une _____ très moderne au centre de Berlin, c'est la Potsdamer Platz. Et le soir, c'est déjà le _____. Nous prenons le train de nuit pour Paris à 22 heures 07!

b Qu'est-ce qu'ils ont fait lundi et mardi? Note les activités dans ton cahier.

4 Il y a un nouveau magasin dans le quartier. Écoute la conversation et trouve le bon chemin.

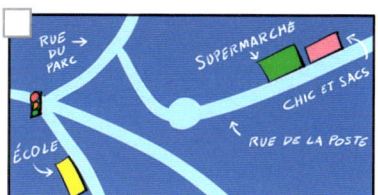 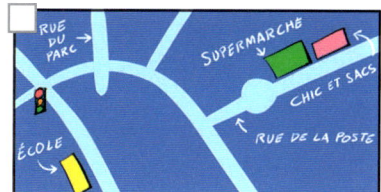 

5 Que disent les personnes? Utilise dans chaque phrase un verbe pronominal au présent.

s'appeler   s'énerver   s'amuser   se souvenir   s'entraîner   se retrouver

1. Je / Emilien.   2. Tu / de l'histoire?   3. Elle / toujours.

4. Nous / à 3 heures.   5. Vous / bien?   6. Ils / tous les samedis.

6 a Les verbes au passé composé: *être* ou *avoir*? Fais une liste. Écris dans ton cahier.

passer   arriver   écouter   rentrer   aller *(2x)*   faire *(2x)*   sortir   voir

b Sophie a passé un week-end avec sa famille chez sa tante à Nîmes. Le dimanche soir, elle chatte avec sa copine Lola pour lui raconter son week-end. Complète par les verbes de **a** au passé compose.

Unité 1 Bienvenue à Paris

VOLET 1

Lire et comprendre

1 Laïla, Solal et leurs grands-parents cherchent leur voiture. Où sont-ils? Lis le texte et fais le quiz. Écris les noms des avenues sur le plan et trouve l'Avenue de la Grande Armée.

Grand-père: «J'ai garé le camping-car **avenue de Wagram**, mais je me suis égaré[1] **avenue Hoche**; j'arrive finalement par l'**avenue Friedland**.»

Grand-mère: «J'arrive au bout de l'**avenue Marceau**; j'ai laissé les **Champs-Élysées** à ma gauche et l'**avenue d'Iéna** à ma droite.»

Laïla: «Je suis perdue; sur un panneau[2], je lis ‹**Victor Hugo**›. D'autres panneaux indiquent l'**avenue Foch**, à ma gauche, et l'**avenue Kléber**, à ma droite.»

Solal: «Je vois, à ma gauche, l'**avenue Carnot** et, à ma droite, l'**avenue Mac-Mahon**.»

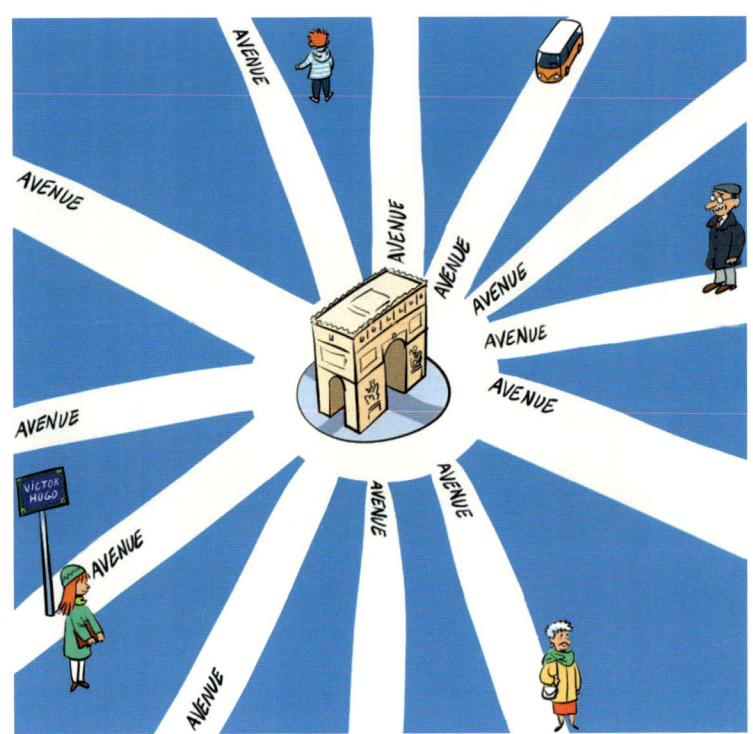

[1] s'égarer sich verirren [2] le panneau das Schild

Vocabulaire et expression

2 Complète les mini-dialogues. (▶ Liste des mots, p. 168–170)

1. – Les musées, ce n'est pas mon truc!
   – Alors on va aux Tuileries, il y a un _____ .

2. – On achète une _____ ?
   – Non, il fait trop froid! Allons plutôt boire un chocolat chaud.

3. – Qu'est-ce qu'on peut faire sur les _____ de la Seine?
   – On peut se balader.

4. – On va au Louvre?
   – Bof, je n'aime pas trop les _____ !

5. – Est-ce que Montpellier est loin de Paris?
   – Oui. La _____ entre Paris et Montpellier est de 748 kilomètres!

6. – Quel _____ traverse Paris?
   – C'est la Seine!

7. – Le pont Neuf a quel âge?
   – Écoute, il existe depuis 1606 ...
   Alors tu peux _____ !

Grammaire

3 Complète. (▶ Repères, p. 25/2)

infinitif	présent	imparfait
_____	nous finissons	je _____
_____	nous _____	tu faisais
_____	nous vendons	il _____
_____	nous _____	elle disait
vouloir	nous _____	on _____
être	nous _____	nous _____
devoir	nous _____	vous _____
_____	nous voyons	ils _____
_____	nous mangeons	elles _____
_____	nous _____	j' allais
sortir	nous _____	elle _____

4 a Comment est-ce que c'était avant? Comment est-ce que c'est maintenant? Complète les phrases par les verbes *aller, devoir, faire, être, voir* et *vouloir*. Utilise l'imparfait et le présent. (▶ Repères, p. 25/2)

1. Autrefois, Lucile _____ traverser le pont Neuf pour aller au collège, maintenant, elle _____ juste traverser la rue.

2. Avant, tu _____ le jardin des Tuileries de ta fenêtre, maintenant, tu _____ la Seine.

3. Avant, les Parisiens _____ avoir une voiture, maintenant, ils _____ faire du vélo.

4. Autrefois, je _____ des balades avec mes parents au jardin des Tuileries, maintenant, je _____ du shopping aux Champs-Élysées.

5. Avant, vous _____ au théâtre des Champs-Élysées, maintenant, vous _____ à la chorale de Notre-Dame!

6. Autrefois, nous _____ nuls en EPS, maintenant, nous _____ bons en foot.

b Et chez toi? Décris la vie dans ta ville / ton village / ton quartier autrefois et maintenant. Écris au moins cinq phrases dans ton cahier.

VOLET 1

1

5 Relie pour retrouver le dialogue. (▶ Repères, p. 24/1)

Tu connais bien Paris?	**1**	**a** Oui, on y va.
C'est intéressant, le Louvre?	**2**	**b** Non, je n'y suis jamais monté/e.
Tu es déjà allée au cinéma sur les Champs-Élysées?	**3**	**c** Oui, on y trouve des tableaux très intéressants.
Tu connais aussi les tours de Notre-Dame?	**4**	**d** Oui, j'y ai habité pendant 2 ans.
Que peut-on faire sur les quais de la Seine?	**5**	**e** Oui, j'y ai vu des films super cools.
On va manger une glace chez Berthillon?	**6**	**f** On peut y faire des balades et du roller.

Écouter et comprendre

CD 4 **6** Écoute. Quelle photo va avec quel texte? Note le bon numéro. Attention, il y a une photo en trop!

Apprendre à apprendre

7 Voici un texte sur une station de métro célèbre. Complète les notes. (▶ Méthodes, p. 146/25.2)

La station de métro Porte Dauphine est une station parisienne typique. Construite en 1900, elle est une des stations les plus anciennes de Paris. Elle se trouve près des Champs-Élysées, sur la ligne 2.
5 En 1900, l'architecte Hector Guimard a inventé ces entrées pour le nouveau système de transport de la capitale. Son style, qu'on appelle «l'art nouveau», utilise le fer et le verre, mais les formes rappellent la nature: On voit des feuilles ou 10 des insectes. La couleur est toujours le vert. Au début, les Parisiens n'aimaient pas du tout le style de Guimard. Ils 15 détestaient cette couleur verte. Mais aujourd'hui, on ne peut plus imaginer Paris sans ces entrées de métro typiques.

Nom:

Date de «naissance»:

«Père»:

Lieu de «naissance»:

Signe particulier:

Couleur:

Réaction des Parisiens:

VOLET 2

Lire et comprendre

1 a Choisis Emma, Ibrahim ou Pauline. Prépare cinq questions sur le texte pour ton partenaire qui a choisi une autre personne. (▶ Textes, p. 14–15)

> Où? Qu'est-ce que?
> Comment? Pourquoi?
> Quand?

b Échangez vos questions et trouvez les réponses dans le texte, p. 14–15.

Vocabulaire

2 a Où est-ce qu'ils vont? Et comment? Forme des phrases. Utilise des prépositions.
(▶ Repères, p. 24 / Qu'est-ce qu'on dit?)

1. Elle va à la gare en _____ .
2. Il _____ .
3. Ils _____ .
4. Elle _____ .
5. Elles _____ .
6. Il _____ .

aller **en** voiture ✓

aller ~~avec ma voiture~~

b Posez des questions et répondez: Comment vas-tu à l'école / au sport / ___ ? (▶ Repères, p. 24 / Qu'est-ce qu'on dit?)

> J'y vais en ___ .

3 a Lis et complète le blog de Charles où il raconte sa journée. Utilise *se coucher, se dépêcher, s'habiller, se lever, s'entraîner, se préparer, se sentir bien* et *ne pas s'ennuyer*. (▶ Verbes, p. 161)

Ma journée commence à cinq heures de l'après-midi. Je prends ma douche et je _____ . Puis, je prends un café. Quand mon fils rentre de l'école, on joue un peu au foot ensemble dans la cour. Il _____ pour son match du week-end. Nous mangeons ensemble vers 7 heures et demie.

▶ ▶ ▶

5 À huit heures et demie, je pars. J'arrive à la station Louvre-Rivoli vers 21 heures 30. J'entre dans le musée. Là, je _____. J'aime bien mon travail.

Avec mes collègues, nous _____ dans le musée quand il n'y a plus personne. La nuit est longue, mais je _____ : Quand je n'ai rien à faire, je regarde les tableaux.

10 Après le travail, à 6 heures du matin, je rentre à la maison. Je dois toujours _____ :

Je veux être à la maison quand mon fils _____.

On prend le petit-déjeuner ensemble. Quand mon fils va à l'école, je range la maison et je _____ à 9 heures.

b Relis le blog. Où est-ce que Charles travaille? _____

Regarder et comprendre

DVD 4 Qu'est-ce que vous aimez à Paris? Un journaliste a interviewé les Parisiens. Qui dit quoi? Coche. Attention: il y a quatre phrases en trop.

À Paris, il/elle/ils ♥	1	2	3	4	5	6
aller à Notre-Dame.						
faire du roller sur la Coulée verte.						
le pont des Arts.						
regarder les expositions au Louvre.						
un jardin magnifique.						
un quartier très animé.						
un quartier qui est comme un village.						
le quartier de l'université.						
faire du shopping dans les petites boutiques.						
un musée sur Napoléon.						
une maison avec un mur où tout le monde écrit ou dessine.						
manger un gâteau rue du Cherche-midi.						

Parler

5 Imagine: Tu es à Paris avec ton meilleur copain / ta meilleure copine. Vous voulez visiter le centre-ville. Vous allez à l'Office de Tourisme pour avoir des informations. Qui est A et qui est B?

Partenaire A (Toi)

Ton copain / Ta copine et toi, vous êtes à Paris un dimanche en avril. Vous avez seulement 25 euros. Vous voulez voir un musée, mais ton ami/e n'aime pas les tableaux. Et le soir, vous voulez monter sur une tour pour voir la ville la nuit. Vous allez à l'Office de Tourisme. Tu commences.

- Bonjour / aider?
- visiter un musée / monter sur une tour
- ne pas aimer / tableaux
- Combien? / coûter

- trop cher / Ça va!
- ouvert / aujourd'hui / jusqu'à quelle heure?
- Merci beaucoup. / Au revoir.

Partenaire B (Personne à l'Office de Tourisme)

Tu travailles à l'Office de Tourisme. Regarde les informations, puis réponds aux questions du touriste. **A** commence.

Le Louvre
TARIFS | adultes: 12 €, moins de 26 ans: gratuit[1]
HORAIRES | ouvert tous les jours de 9 h à 18 h, fermé le mardi

L'Exposition jeux vidéo
TARIFS |
Jeux vidéo l'EXPO + la Géode et ses films en 3D
adultes: 21,50 €,
moins de 25 ans: 18 €, moins de 6 ans: 9 €
Jeux vidéo l'EXPO (sans la Géode)
adultes: 11 €, moins de 25 ans: 9 €, moins de 6 ans: gratuit
HORAIRES | ouvert du mardi au samedi de 10 h à 18 h et le dimanche de 10 h à 19 h, fermé le lundi

Les tours de Notre-Dame
TARIFS | adultes: 8,50 €,
moins de 26 ans: 5,50 €
HORAIRES | du 1er avril au 30 septembre de 10 h à 18 h 30; du 1er octobre au 31 mars de 10 h à 17 h 30

La tour Eiffel
TARIFS | 2ème étage:
adultes: 5 €, moins de 26 ans: 3,50 €
HORAIRES | du 15 juin au 1er septembre: ouvert tous les jours de 9 h à minuit; le reste de l'année: ouvert de 9 h 30 à 23 h

[1] **gratuit/e** *adj.* kostenlos

Écrire

6 Tu es à Paris. Imagine ta journée et raconte-la à l'aide des verbes et des expressions. Écris une carte postale à un ami / une amie français/e au présent.

visiter   aller à   prendre le métro / le RER   faire une balade
traverser   manger une glace   se lever   prendre une douche
s'habiller   se préparer   se trouver   se dépêcher   s'entraîner
se sentir   s'ennuyer   se coucher   ___

d'abord
puis   après
le matin
l'après-midi   le soir

VOLET 2

VOLET 3

Vocabulaire

1 Complète la grille de la tour Eiffel. (▶ Liste alphabétique, p. 172–174)

1. Quand on est tout en haut, la **1** est magnifique!
2. La **2** de la tour est de 324 mètres.
3. Gustave Eiffel est l' **3** qui a construit la tour Eiffel.
4. Sur la **4** du premier étage, il y a un restaurant, une salle de cinéma et un musée.
5. En mai 1889, c'est le début de l' **5** et le public peut enfin aller sur la tour!
6. Pour la **6** de la tour Eiffel, il a fallu 2 ans: de mars 1887 à mai 1889!
7. On prend les **7** pour monter, c'est plus rigolo à pied!
8. Les **8** s qui ont construit la tour ont fait un travail vraiment très dur.
9. Les pièces métalliques de la tour sont en **9**.

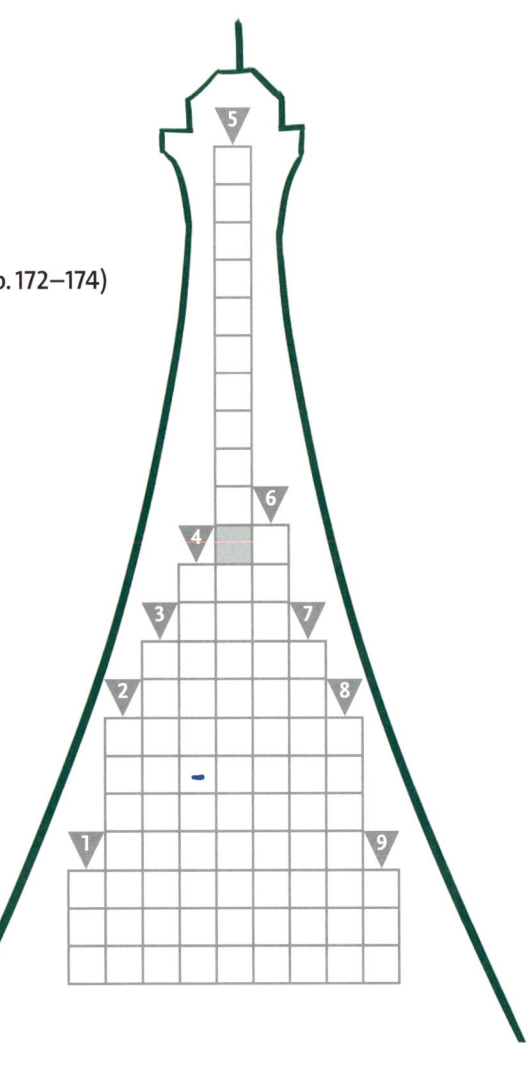

Lire et comprendre

2 Lis le texte et regarde les dessins. Qu'est-ce que tu apprends sur la tour Eiffel? Écris les chiffres.

Qui dit Paris dit tour Eiffel

C'est le monument le plus visité, par 6 millions de touristes chaque année. Elle est haute de 324 mètres (elle a gagné 24 mètres grâce aux 110 antennes installées à son sommet) et constituée de 18 000 pièces métalliques assemblées par 2 500 000 rivets. Elle comporte trois étages: on accède aux deux premiers par trois ascenseurs ou par 1655 marches! Au premier, les visiteurs peuvent aller au restaurant: le Jules-Verne, d'où la vue est exceptionnelle. Quand il y a du vent, elle oscille de 7 centimètres et quand il fait chaud, elle se dilate de 18 centimètres en hauteur. Pour satisfaire les Parisiens qui avaient apprécié les illuminations de l'an 2000, elle scintille maintenant tous les soirs à minuit grâce à 20 000 ampoules. On la repeint tous les 7 ans: 25 alpinistes utilisent 60 tonnes de peinture.

Claude Combet et Thierry Lefèvre «Destination Paris», Actes Sud, 2006

 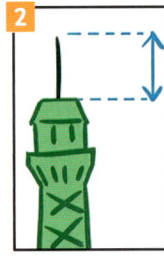 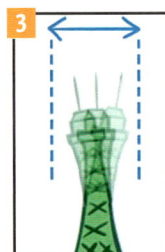 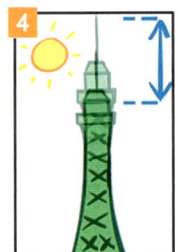  

1. _____ 3. _____ 5. _____

2. _____ 4. _____ 6. _____ : _____

Grammaire

3 Sarah a été à Paris avec sa classe où ils ont passé un week-end avec un tas de problèmes. Qu'est-ce qu'ils faisaient quand c'est arrivé? Forme sept phrases. Utilise l'imparfait et le passé composé. (▶Repères, p. 25/3)

1. nous *visiter* Notre-Dame > mon portable *sonner*

   Nous visitions Notre-Dame quand mon portable a sonné.

2. Louise *se dépêcher* pour avoir le métro > elle *perdre* ses clés

   _____

3. l'acteur Djamel *passer* > ma glace *tomber*

   _____

4. on *faire* une photo sur le pont Neuf > Julien *tomber* dans la Seine

   _____

5. Jules et Joséphine *rêver* > le bateau *partir*

   _____

6. je *traverser* l'avenue des Champs-Élysées > une voiture *arriver*

   _____

7. la prof *parler* > David *prendre* Claire dans ses bras

   _____

4 a Une catastrophe à Paris. Complète ces phrases. Utilise le passé composé ou l'imparfait. (▶Repères, p. 25/3)

Le train de Granville

Le 22 octobre 1895, un train qui _____ (venir) de Granville et qui _____ (aller) à Paris, _____ (avoir) un retard de 10 minutes. Pour le conducteur[1] qui _____ (vouloir) toujours

⁵ être à l'heure, c'_____ (être) une catastrophe! Alors il _____ (vouloir) aller plus vite! Quand le train _____ (arriver) dans la gare Montparnasse à Paris, il _____ (aller) trop vite. Le train _____ (traverser) le hall de la gare et le mur, puis il _____ (tomber) sur la place, devant la gare. Quelle catastrophe!

[1] le conducteur *hier* der Lokführer

b Est-ce que tu connais d'autres histoires? Écris dans ton cahier.

5 Complète par *construire* (2x), *suivre* (2x) ou *courir* (2x). (▶ Verbes, p. 158, 160)

Vous connaissez le quartier de la Défense? Pendant la semaine, des gens sortent du métro. Ils se dépêchent toujours et _____ pour être à l'heure à leur bureau. Mais le week-end, le quartier est très calme et très agréable. Mon conseil pour ces gens:

5 _____ la voie des sculptures¹, un tas de jolies surprises vous y attendent!

Moi, j'habite ici depuis 40 ans. On _____ (p.c.) la première tour, la tour Nobel, en 1966. Aujourd'hui il y a 75 tours! Et on _____ toujours de nouvelles tours! J'aime bien monter sur la Grande Arche. De la plate-forme, je regarde tout ce monde qui _____ et je me

10 sens bien! On voit Paris, c'est magnifique! Vous voyez le Louvre? Non? Mais si, il est là.

Vous _____ les Champs-Elysées jusqu'aux Tuileries, c'est facile!

1 la voie des sculptures Straße der Skulpturen

Écouter et comprendre

6 Marine est à Paris. Elle veut aller de la gare de l'Est à la gare de Lyon. Quel métro doit-elle prendre? Écoute et coche le plan qui correspond.

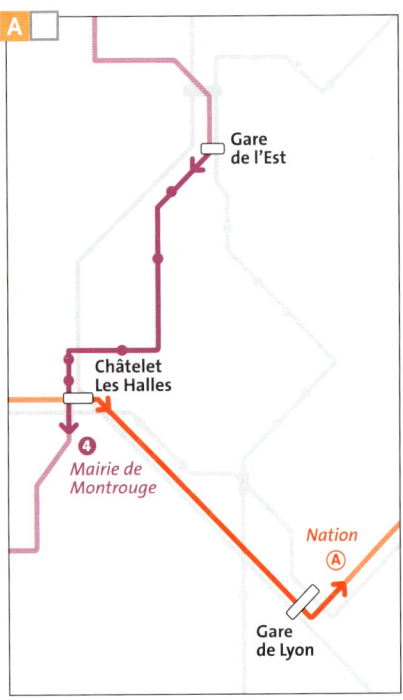
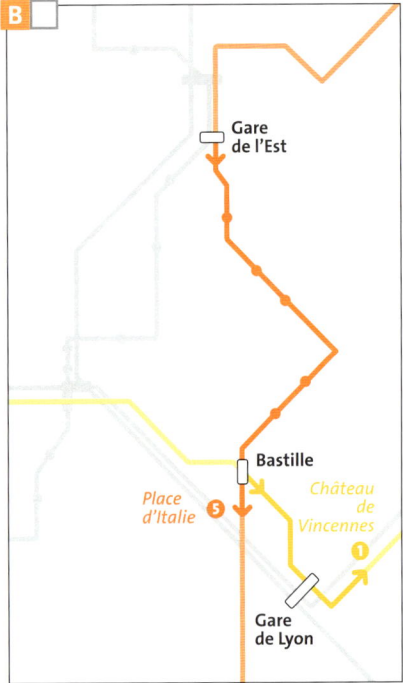
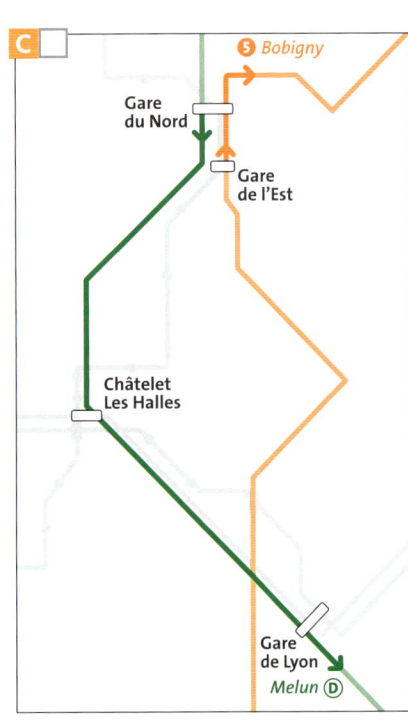

Médiation

7 Ton petit frère qui ne parle pas français est fan de vélo. Il veut savoir pourquoi l'homme monte les escaliers à vélo. Aide-le. Qu'est-ce que tu comprends? Écris dans ton cahier. (▶ Méthodes, p. 149/29)

Des sportifs fous

La tour Eiffel attire aussi des sportifs qui ont envie de réaliser des exploits! Le cycliste Hugues Richard a battu le record d'ascension de la Tour en VTT le 18 avril 2002: 19 minutes et 4 secondes pour monter les deux premiers étages … par les escaliers! Il y a même eu des alpinistes qui l'ont escaladée, des motards qui ont dévalé ses escaliers et des parachutistes qui ont sauté du 3ème étage!

Astrapi – C'est qui la plus belle?, Bayard, 2009

Apprendre à apprendre: écrire la fin d'une histoire

8 Lis le début de l'histoire et trouve la bonne fin A, B ou C. Souligne les mots qui t'aident à la trouver. (▶ Méthodes, p. 147/26)

Le fantôme de l'opéra

À Paris, en 1873, il y a un incendie[1] dans une école de musique, rue Pelletier. Ernest, un jeune pianiste, est blessé au visage et la femme qu'il aime meurt[2] dans l'incendie. Ernest est très triste. Alors il se cache[3] sous le théâtre parce que son visage fait peur. Il y habite, il ne sort plus, il ne voit personne, il compose de la musique. À l'opéra, les gens pensent qu'un fantôme y habite. Un jour, le directeur de l'opéra trouve un message: «La loge[4] numéro 5 doit toujours rester libre pour moi! – Le fantôme de l'opéra». Alors, la loge du fantôme reste libre. Mais un jour, une dame riche veut une place dans la loge. Elle donne beaucoup d'argent au directeur de l'opéra qui est d'accord. Le soir, le spectacle commence …

1 **l'incendie** m. Brand 2 **elle meurt** sie stirbt 3 **se cacher** sich verstecken 4 **la loge** die (Zuschauer)Loge

A La fille est dans la loge. Elle regarde le spectacle. Tout à coup, la porte s'ouvre et le fantôme de l'opéra arrive. C'est un beau jeune homme. Tout de suite, il aime la jeune fille et elle aussi l'aime. Le fantôme épouse la jeune fille et ils ont beaucoup d'enfants.

B La dame était dans la loge numéro 5. Elle ne regardait pas le spectacle, elle attendait le fantôme de l'opéra parce qu'elle voulait le photographier avec son portable. Mais le fantôme n'est pas venu. Après le spectacle, la dame est rentrée chez elle, mais sur le chemin, elle a été victime d'une agression. Tout le monde a pensé que c'était le fantôme. Depuis, personne n'a plus essayé de prendre la loge numéro 5.

C La dame est dans la loge. Elle regarde le spectacle. Elle a un peu peur: «Est-ce que le fantôme de l'opéra va venir?» Tout à coup, il y a un bruit: c'est la porte. La dame se lève et à ce moment une grande lampe tombe! La dame est blessée. Elle n'a pas vu le fantôme, mais tout le monde pense que c'était lui. Depuis, la loge numéro 5 reste libre.

FAIS LE POINT facultatif

1 Qu'est-ce qu'on dit?

Gustave arrive toujours en retard au collège. Il doit expliquer à sa prof pourquoi. Écris à sa place.

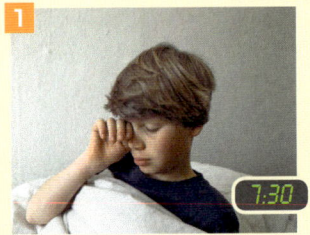   

2 Vocabulaire

Écoute les phrases et note les numéros dans les bonnes cases. Attention, il y a deux cases en trop.

3 Le pronom *y*

Complète les mini-dialogues. Utilise le pronom *y*. Pense à sa place.

– Vous êtes déjà allés au Louvre?

– Oui, nous _____ la Joconde, mais il y avait trop de monde!
(*voir*, passé composé)

– Alors on _____ aujourd'hui! (*pouvoir retourner*)

– D'accord! Et après, on pourrait aussi aller à Belleville!

– À Belleville? Je ne sais pas ... Qu'est-ce que tu _____ ? (*vouloir visiter*)

– C'est un quartier sympa. On _____ des boutiques de tous les styles! (*trouver*)

4 L'imparfait

Monsieur Jeunet a 65 ans. Il a toujours habité à Paris et il parle de son quartier. Complète par les verbes à l'imparfait.

Quand j'_____ (être) petit, nous _____ (habiter) rue Beaubourg, dans le premier arrondissement. Le quartier des Halles et le Centre Pompidou n'_____ (exister) pas encore, mais le quartier _____ (être) déjà très animé. Il y _____ (avoir) des vendeurs

5 à tous les coins de rue qui vous _____ (vendre) tout ce que vous _____ (vouloir). On _____ (pouvoir) y acheter des fruits et des légumes.

5 L'imparfait et le passé composé

Lis cet article et complète-le par les verbes à l'imparfait ou au passé composé.

C'_____ (être) une belle journée de printemps. Des ouvriers de la ville de Paris _____ (travailler) sous le pont Neuf. Tout à coup, ils _____ (voir) quelque chose qui _____ (bouger) dans un coin. Ils _____ (regarder) et ils _____ (découvrir) un animal. C'_____ (être) un crocodile

5 d'un mètre de long qui les _____ (attendre) là!

Ils _____ (avoir) très peur! Mais heureusement, l'animal _____ (ne pas agresser) les hommes.

Les ouvriers _____ (appeler) le zoo.

6 Les verbes

Qu'est-ce qu'on peut faire pendant les vacances? Complète les phrases par *suivre*, *courir* ou *construire*.

Moi, je _____ !

Elle _____ ses chiens!

Ils _____ un château.

Solutions, p. 75   Fais le point

MODULE A Le français en classe

1 a Note les mots et les expressions qui vont avec le mot «chanson». Complète ta liste par d'autres mots que tu connais déjà. (▶ Méthodes, p. 138/9)

Parler d'une chanson

le titre, _____ d'une chanson

Parler de la musique / des CD

télécharger, _____ un CD/ une chanson

Parler de ce qu'on préfère

mon/ma _____ préféré/e

Parler de différents styles de musique

le reggae, _____

Expressions avec *jouer*

jouer des percussions, _____

Expressions avec *aimer*

aimer la mélodie, _____

Expressions avec *avoir*

avoir une belle voix, _____

b Compare tes résultats avec ton/ta partenaire et complétez si nécessaire.

2 a Écoute la chanson «Tourner la page» de Zaho et lis la fiche. Puis écris un texte pour présenter la chanson. Utilise des mots et expressions de **1a**. Écris dans ton cahier.

Nom: Zaho
Chanson: Tourner la page
Album: Contagieuse
Style: R'n'B

b Écoute la présentation de Benjamin et réponds aux questions.

1. Est-ce qu'il a aimé la chanson? Note ses arguments. _____
_____

2. Et toi? Donne ton avis sur la chanson. _____
_____

3 Anton présente sa chanson préférée. Il a préparé sa présentation. Complète ce qu'il dit.

> à la fin   c'est un message important   d'abord   donner votre avis
> ensuite   il s'agit de   j'ai choisi   j'ai noté   je vais vous parler
> je vais vous présenter   Merci de votre attention!   On peut commencer?

Bonjour! _____ ... Super! Aujourd'hui, _____

_____ ma chanson préférée du moment. _____ la

chanson *Juste une photo de toi* de M. Pokora. _____ les mots inconnus au

tableau. _____, _____ du chanteur. _____,

je vais vous expliquer pourquoi j'aime cette chanson. _____, vous pourrez poser

des questions et me _____ sur la présentation. ...

... Le chanteur dit qu'on ne doit pas jouer avec l'amour, et pour moi, _____

_____ parce que ça touche tout le monde. Voilà pourquoi

_____ cette chanson. _____!

4 Après la présentation d'Anton, les élèves discutent. Écoute et note les conseils de ses camarades de classe.

1. _____
2. _____
3. _____

5 a Souligne les verbes qui se conjuguent comme *choisir* et *réfléchir*. (▶Verbes, p. 157)

> applaudir   agir   dormir   finir   offrir   ouvrir   partir   prévenir   réagir   réussir   sortir   tenir

b Les élèves cherchent des chansons pour leurs présentations. Complète les phrases.

1. Vous _____ quelle chanson? _____ un moment!
   (choisir *présent*, réfléchir *impératif*)

2. Quelle chanson est-ce que je _____? Je dois _____
   un moment. (choisir *futur composé*, réfléchir *infinitif*)

3. J'_____ : je _____ la nouvelle chanson de Zaho.
   (réfléchir *passé composé*, choisir *présent*)

MODULE A

Tu es en forme pour l'unité 2? facultatif

1 a Les amis, c'est important. À ton avis, quels mots ne vont pas avec le monde des amis et des copains? Raye-les.

> accepter qn   aider qn   ~~crier~~   aimer bien qn   rigoler avec qn   comprendre qn   inviter qn
> consoler qn   écouter qn   menacer qn   faire mal à qn   compter sur qn   frapper qn
> passer des moments super avec qn   s'amuser avec qn   confier ses problèmes à qn   seul/e
> formidable   terrible   violent/e   beau/belle   joli/e   heureux/heureuse   fantastique   génial/e

b Qu'est-ce que tu fais avec tes amis? Qu'est-ce que tes amis ne font pas avec toi? Écris au moins six phrases avec des mots de **a** dans ton cahier.

2 a Complète le tableau des adjectifs.

forme masculine	forme féminine	forme masculine	forme féminine
	autre	malheureux	
calme			ouverte
courageux		pratique	
	dangereuse	rapide	
facile		seul	
furieux		terrible	
	heureuse		tranquille

b Complète les phrases par ces adjectifs. Pense à l'accord des adjectifs!

> autre   calme   courageux   dangereux   malheureux   seul   tranquille

1. Cette fille est _____ parce qu'elle a aidé un élève en danger.

2. Mon copain est génial. Il reste toujours _____, même dans les situations _____.

3. Tu peux venir chez moi samedi ou un _____ jour.

4. Les filles de ma classe sont _____, elles ne parlent pas beaucoup.

5. Le fils de mes voisins est _____ parce qu'il n'a pas beaucoup d'amis.
   Il est toujours _____.

3 Laura et sa copine discutent du collège. Complète par les pronoms relatifs *qui* ou *que*.

1. Je déteste les gens _____ agressent les petits.

2. Et moi, je n'aime pas trop les élèves _____ parlent pour ne rien dire.

3. Il y a un tas de choses _____ je ne comprends pas!

4. Il y a peut-être des choses _____ je peux t'expliquer.

5. Dans ma classe, il y a des garçons _____ j'aime bien mais d'autres _____ je n'aime pas trop …

6. Ben moi, dans ma classe, il y a un garçon _____ m'intéresse et _____ j'intéresse!

7. J'adore les profs _____ ne crient pas.

8. Oui, et aussi les profs _____ comprennent nos problèmes!

9. L'allemand et l'anglais sont des matières _____ j'adore!

10. Le jeudi, c'est la journée _____ je préfère, parce que j'ai deux heures de maths.

4 a Mario se présente. Qu'est-ce qu'il dit? Complète. Il y a plusieurs possibilités.

(ne pas) aimer (bien/beaucoup) qn   adorer qn
détester qn   trouver ça + *adj.*   intéresser qn
Ça (ne) me plaît (pas).

aimer
adorer   + (le/la/les)
détester

Bonjour tout le monde! Moi, c'est Mario. J'ai 13 ans et demi. Je suis au collège.

_____ mon collège. _____ mes profs,

_____ l'infirmière et _____ le CPE!

Ma matière préférée, c'est l'allemand. Les maths et la physique _____

aussi beaucoup. _____ musique, mais _____

cours de musique au collège. On doit chanter et _____.

_____ nul. En plus, je n'ai pas une belle voix.

b À toi! Présente-toi! Utilise les verbes et les expressions de **a**. Écris dans ton cahier.

Tu es en forme pour l'unité 2?

Unité 2 Vivre ensemble

VOLET 1

Lire et comprendre

1 Vrai ou faux? Relis le texte dans ton livre et coche la bonne case. Puis corrige si nécessaire. (▶ Texte, p. 32)

	vrai	faux
1. Salma ne dit pas tout à Nino parce qu'il est plutôt bavard.	☐	☐
2. Arthur est seul et malheureux parce qu'on se moque de lui à l'école.	☐	☐
3. Pour Mathis, l'amitié demande des efforts: il faut être là quand ça ne va pas.	☐	☐
4. Dahlia ne passe plus tout son temps avec Marion parce qu'elle aime se sentir libre.	☐	☐

_____

_____

Vocabulaire et expression

2 a Qu'est-ce qui va ensemble? Relie. Parfois il y a plusieurs possibilités. (▶ Liste des mots, p. 176–177)

parler **1**	**a** dans les mauvais moments
confier **2**	**b** un effort
donner une preuve **3**	**c** ses amis
faire **4**	**d** ses problèmes à qn
prendre **5**	**e** des autres
être là **6**	**f** d'amitié
décevoir **7**	**g** la défense de qn
se moquer **8**	**h** sérieusement
	i ses distances

b L'ami idéal, c'est quoi pour toi? Écris quatre phrases dans ton cahier. Utilise les expressions de **a**.

Grammaire

3 Qu'est-ce que ces jeunes disent? Complète les phrases par les formes du verbe *décevoir* au présent ou au passé composé. (▶ Verbes, p. 158)

1. Quoi?! Vous n'aimez pas cette musique?

   Vous me _____ !

2. Tu ne fais pas assez d'efforts pour moi.

   Tu me _____ !

3. «Un ami ne te _____ pas.

Il ne doit jamais te _____.»

4. Théo _____ terriblement _____ sa copine.

Elle ne veut plus le voir.

4 Complète les phrases suivantes par les adjectifs *libre, rapide, facile, courageux* et leurs adverbes. Pense à l'accord des adjectifs! (▶ Repères, p. 44/1)

1. Tim est _____. Il a _____ pris ma défense.

2. Cet exercice est _____. J'ai répondu _____ aux questions.

3. Avec mes copains, je me sens _____. Je peux parler _____ avec eux.

4. Les enfants sont déjà là, ils sont _____! Ils courent très _____!

5 Complète les phrases suivantes par un adjectif ou un adverbe. Pense à l'accord de l'adjectif! (▶ Repères, p. 44/1)

bon *(2x)* calme dangereux furieux grave malheureux seul vrai *(2x)*

1. Harceler les autres, c'est _____ et _____.

2. Est-ce que tu connais _____ tes copains?

3. Tu es _____ super, tu sais!

4. Qu'est-ce qu'un _____ ami pour toi?

5. Pourquoi est-ce que Marie est _____ contre moi? Qu'est-ce que je lui ai fait?

6. Viens ici, s'il te plaît. On va parler _____.

7. Thibaud m'énerve parce qu'il pense _____ à lui et à ses problèmes!

8. David aime bien son collège, mais _____, son meilleur copain va dans un autre collège.

9. J'ai passé le week-end chez ma copine et on a passé des _____ moments ensemble!

VOLET 2

Vocabulaire et expression

1 Relis le texte, p. 35, et fais les mots-croisés.

1. Dans le film «Intouchables» on apprend que Philippe a eu un ? de parapente.
2. Philippe et Driss doivent ? ensemble.
3. Qu'est-ce que tu veux regarder? Je te laisse ? le film.
4. Ce film est très drôle, il va te ? .
5. Driss a été en ? avant de travailler chez Philippe.
6. Philippe aime la musique classique, alors il va souvent à l' ? .
7. Je n'aime pas les histoires ? ,
8. mais j'aime les histoires ? .
9. Je voudrais ? comment tu as trouvé le film.
10. Philippe ne peut pas marcher. Il est ? .
11. Driss dit que Philippe n'est pas malheureux et qu'il ne faut pas ? de lui.

2 Retrouve dans le texte, p. 35, comment on dit cela. Indique aussi la ligne.

1. Man lacht vom Anfang bis zum Ende. _____
2. Dieser Film tut gut. _____
3. Es gibt viele originelle Szenen. _____
4. Die Schauspieler gefallen mir sehr. _____
5. Diese Geschichte ist wahr. _____
6. Es gibt viele Klischees in diesem Film. _____

3 Relis le texte, p. 35, et note le vocabulaire du film: Fais un associogramme dans ton cahier.

4 a Relie pour retrouver les phrases. (▶Verbes, p. 161)

Martin chante et il apprend **1**   **a** de faire le tour du monde en bateau.
Ma famille rêve **2**   **b** de passer des vacances sans nos parents!
Ma sœur m'aide toujours **3**   **c** de crier comme ça!
Mes copains n'ont pas arrêté **4**   **d** à jouer de la guitare.
Ma copine et moi, on rêve **5**   **e** à préparer mes interros de maths.
Ne t'énerve pas et arrête **6**   **f** de discuter pendant tout le film!

b À toi. Prépare quatre phrases comme en **a** pour ton/ta partenaire. Écris-les dans ton cahier. (▶Verbes, p. 161)

Grammaire

5 a Fais une fiche de conjugaison pour les verbes *plaire, rire, savoir* et *vivre*. Note tous les temps que tu connais. N'oublie pas d'écrire une phrase d'exemple par fiche. Complète ces fiches pendant l'année! (▶ Verbes, p. 159–160; Die Vorlage findest du im Förderheft und auf der CD-ROM.)

b Qui est Omar Sy? Complète le texte suivant par les formes des verbes *plaire, rire, savoir* ou *vivre*. Utilise le présent et le passé composé.

Omar Sy est un acteur et humoriste français. Il est né près de Paris. Ses parents, qui viennent tous les deux d'Afrique, _____ en France depuis longtemps. Omar Sy _____ en France jusqu'en 2012. Mais beaucoup de gens ne _____ pas qu'il
5 _____ maintenant à Hollywood.

Omar Sy aime beaucoup _____ dans la vie et dans son travail. Il _____ tout le temps et cela _____ beaucoup à son public[1]. Ses sketches aussi _____ beaucoup.

Est-ce que vous _____ que des millions de personnes ont vu «Intouchables»? Quand ce
10 film est sorti, il _____ à beaucoup de gens. Ils _____ du début à la fin! Est-ce que tu _____ si son film «De l'autre côté du périph» a eu du succès[2]?

1 le public das Publikum **2 avoir du succès** Erfolg haben

6 a Relie d'abord ce qui va ensemble. Parfois il y a plusieurs possibilités. (▶ Repères, p. 45/2)

b Écris des phrases avec les expressions de **a**.

un endroit **1**	**a** originales
une fille **2**	**b** originaux
une journée **3**	**c** normale
des idées **4**	**d** idéal
des vêtements **5**	**e** génial
un acteur **6**	**f** exagéré
un film **7**	**g** géniale

7 a Marie parle de son collège. Complète les phrases suivantes par une forme de *lequel*. (▶ Repères, p. 45/3)

1. Le collège, dans _____ je suis, compte 400 élèves.

2. Madame Lagarde est une prof avec _____ on peut parler de nos problèmes.

3. Liane et Sophie sont les filles avec _____ j'aime faire mes devoirs.

4. Les cours pendant _____ je m'éclate sont les cours d'allemand et d'anglais!

VOLET 2

b Complète ce que dit Marie par une préposition et une forme de *lequel*.

> avec   dans   pendant
> pour   sans   sur

1. Lucie est une fille _____ on peut compter.

2. Paul, c'est le garçon _____ je prends le bus.

3. Mon casque est un objet _____ je ne vais jamais au collège.

4. Le français et les maths sont des matières _____ on doit beaucoup travailler.

5. Il y a un cours _____ je ne m'ennuie jamais: les SVT!

6. Là, c'est la salle _____ on fait du théâtre.

c Parle de toi. Prends les phrases de **b** comme modèle et écris dans ton cahier.

Apprendre à apprendre / Écrire

8 a En cours de français, tu dois présenter le film «De l'autre côté du périph'».
Trouve comment on dit ces mots en français. Utilise un dictionnaire.
(▶ Méthodes, p. 137/5)

> Eines Morgens wird in Bobigny, einem Pariser Vorort, eine tote Frau gefunden. Es ist die Leiche von Jean-Éric Chalignys Ehefrau, einem der mächtigsten Wirtschaftsbosse in Frankreich. Zwei Polizisten, die aus gegensätzlichen Welten kommen, beginnen die Ermittlungen:
> 5 Ousmane Diakité, Polizist in Bobigny, und der Pariser Kommissar François Monge. Trotz ihrer unterschiedlichen Methoden lösen sie den Fall gemeinsam.

die Leiche _____

mächtig _____

der Arbeitgeber _____

gegensätzlich _____

die Ermittlung _____

der Kommissar _____

unterschiedlich _____

die Methode _____

der Fall _____

b De quoi parle ce film? Écris le texte pour ta présentation en français dans ton cahier. Donne aussi ton avis.

VOLET 2

Écouter et comprendre

9 Un journaliste interviewe des gens à la sortie du cinéma. Ils ont vu «De l'autre côté du périph'» avec Omar Sy (▶ exercice 8). Écoute, puis coche la bonne case. Tu peux écouter l'interview plusieurs fois.

	♥	✖	parce que / parce qu'
Jeune homme 1			
Jeune fille 1			
Jeune homme 2			
Jeune fille 2			

Parler

10 a Imagine: Tu es en France chez ton/ta correspondant/e. Vous voulez regarder un DVD. Qui est A et qui est B?

Partenaire A (Ton/Ta correspondant/e)	Partenaire B (Toi)
– schlägt B vor, «Intouchables» oder «De l'autre côté du périph'» zu sehen.	– sagt, dass er/sie bereits «De l'autre côté du périph'» kennt. Sagt A, dass er/sie den Film nicht gemocht hat und es übertriebene Szenen gibt. Er/Sie sagt, dass er/sie «Intouchables» noch nicht kennt und fragt, ob der Film gut ist.
– erzählt B, dass der Film toll ist und fasst den Inhalt des Films kurz zusammen.	– sagt, dass die Geschichte nicht sehr realistisch klingt.
– bestätigt Bs Befürchtungen, aber er/sie sagt, dass der Film sehr lustig ist und erklärt, dass der Film gut tut und dass man vom Anfang bis zum Ende lacht. Er/sie fügt hinzu, wie die Schauspieler spielen.	– fragt, wer die Schauspieler sind.
– beantwortet die Frage und sagt, welche Rolle sie spielen.	– sagt, dass er/sie Omar Sy gerne mag und sehr lustig findet. Er/sie möchte den Film sehen.

b Échangez les rôles.

VOLET 3

Vocabulaire et expression

1 Trouve les mots ou expressions qui correspondent aux explications. Écris les noms avec l'article défini. (▶ Liste des mots, p. 179–181)

1. C'est le contraire de «la vie». _____
2. C'est un nom de la même famille que le verbe «pouvoir». _____
3. Quand on voit quelque chose pour la première fois, on le _____.
4. C'est un nom de la même famille que le verbe «aimer». _____
5. C'est l'adjectif de la même famille que le verbe «aimer». _____
6. Une autre expression pour «alors» dans la phrase: J'aime les romans d'aventure, <u>alors</u>, j'ai lu ce livre. _____
7. Quand quelqu'un a beaucoup changé, on ne le _____ peut-être pas.
8. C'est le contraire de «malheureusement». _____
9. C'est un nom de la même famille que «journal». _____
10. C'est un nom de la même famille que le verbe «garder». _____
11. C'est un nom de la même famille que le verbe «rêver». _____
12. On console ses copains quand ils sont _____.

Écouter et comprendre

2 Anna présente son livre préféré. Écoute et coche le bon dessin.

Lire et comprendre / Écrire

3 a Relis les résumés, p. 38–39. Sous quels thèmes est-ce qu'on peut classer les livres? Justifie ton choix comme dans l'exemple. Écris dans ton cahier.

Exemple: Le roman «La plus belle fille du monde» parle de plusieurs thèmes. Il parle du thème de l'école. Une nouvelle élève arrive dans la classe de Sandra, la narratrice. Il parle aussi du thème de …

> l'amitié   l'amour   l'école
> la prison   le sport
> les pouvoirs surnaturels
> les relations dans la famille
> la mort   la violence   ___

b Compare ta réponse avec ton/ta partenaire. Complétez si nécessaire.

Grammaire

4 a Le samedi après-midi, il y a du monde à la librairie! Complète les phrases par *ce qui* ou *ce que/qu'*. (▶ Repères, p. 45/4)

1. Tu sais _____ Clara aime?
2. Non, je ne sais pas trop _____ lui plaît ...
3. _____ j'adore chez ZEP, c'est son humour!
4. Moi, _____ me plaît, ce sont les dessins!
5. Moi aussi, c'est _____ je préfère!
6. Je cherche un livre pour ma fille. Je ne sais pas trop _____ elle lit ...
7. Mais vous savez peut-être _____ l'intéresse?
8. Mamie, je peux prendre _____ je veux?
9. Oui, mais pas un manga. Moi, _____ me dérange dans ces bédés, ce sont les dessins!

b Tu veux acheter un livre pour un ami / une amie. Comment est-ce que tu dis cela en français? Utilise *ce qui* ou *ce que/qu'*. Écris dans ton cahier.

1. Ich weiß nicht, was ihr gefällt.
2. Ich weiß nicht, was sie gerne liest.
3. Ich weiß nicht, was ich kaufen soll.
4. Soll ich sie fragen, was sie will?

Écrire

5 Tu es en France et tu voudrais offrir un livre à un ami / une amie. Tu vas dans une librairie. Le/La libraire te conseille un roman. Imagine le dialogue et écris-le dans ton cahier.

Apprendre à apprendre / Médiation

6 a Un ami français est chez toi. Le roman «Tschick» l'intéresse. Lis ce résumé.

> Der 14-jährige Maik lebt mit seinen Eltern in einer Villa mit Pool im Osten Berlins. Seine Familie ist zwar wohlhabend, aber auch völlig zerrüttet: Seine Mutter ist in der Entzugsklinik und sein Vater ist mit seiner Assistentin auf Geschäftsreise. Auch in der Schule läuft es nicht viel
> 5 besser: In seiner Klasse ist er ein Außenseiter, da er als zu langweilig gilt. Da verwundert es nicht, dass er nicht zum Geburtstag der schönen Tatjana eingeladen wird, in die er heimlich verliebt ist. Lediglich der neue Mitschüler Tschick, ein verschlossener russischer Aussiedler, der auch schon mal betrunken in die Schule geht, interessiert sich für ihn.
> 10 Maik stehen einsame und langweilige Sommerferien bevor. Doch dann steht Tschick mit einem gestohlenen Auto vor der Tür. Die zwei ungleichen Jungen beschließen Tschicks Großvater in der Walachei zu besuchen und beginnen eine abenteuerliche Reise durch die deutsche Provinz ...

VOLET 3

b Comment est-ce que tu expliques ces mots en français? Utilise les expressions. (▶ Méthodes, p. 149/30)

> une personne/___ qui   un endroit où   c'est quand on   c'est un peu comme

1. eine zerrüttete Familie _____
2. ein Außenseiter _____
3. die Klinik _____
4. eine Geschäftsreise _____
5. eine abenteuerliche Reise _____
6. die deutsche Provinz _____

c Lis le texte sur «Tschick» encore une fois. Quels autres phrases ou mots sont aussi importants? Note-les et explique-les comme en **b**.

_____
_____
_____

d Maintenant, explique les points importants en français (p. 31). Prends des notes. Utilise tes phrases de **b** et de **c**. (▶ Méthodes, p. 149/29)

Regarder et comprendre / Écrire

7 a Regarde la séquence et coche les bonnes réponses. Corrige les phrases qui sont fausses dans ton cahier.

- **A** 1. Xavier fait une interview pour l'école sur la lecture parce qu'il adore lire.
- **B** 2. La dame achète un roman sur le conseil de son libraire.
- **C** 3. Le monsieur lit quand il a un moment, un peu partout.
- **C** 4. Il adore lire parce que quand on lit, on ne pense pas.
- **D** 5. Le garçon aime lire les mangas «Dragon Ball».
- **D** 6. Il a acheté trois livres de «Dragon Ball» pour les lire le soir, dans son lit.
- **D** 7. Il emprunte ses livres à la bibliothèque, parce qu'il y a toujours ce qu'il aime.
- **E** 8. La dame lit toujours dans le métro quand elle va au travail.
- **E** 9. Pour elle, cette activité n'est pas très importante.
- **E** 10. Ses lectures préférées sont les romans.
- **A** 11. La libraire pense que Xavier aime lire et elle lui propose un roman d'aventure.

b Et toi, quand et où est-ce que tu aimes lire? Pourquoi est-ce que tu (n') aimes (pas) lire? Écris la question et ta réponse dans ton cahier.

FAIS LE POINT facultatif

1 Qu'est-ce qu'on dit?

Raye les phrases qui sont fausses.

1. **a** Avec mes amis, on éclate. **b** Avec mes amis, on s'éclate.
2. **a** C'est une preuve d'amis. **b** C'est une preuve d'amitié.
3. **a** J'ai pris mes distances. **b** J'ai mis mes distances.
4. **a** Ce film fait du bien. **b** Ce film fait bien.
5. **a** On rit au début et de la fin. **b** On rit du début à la fin.
6. **a** Cette scène exagère. **b** Cette scène est exagérée.
7. **a** J'ai lu ce livre en une fois. **b** J'ai lu ce livre à la fois.
8. **a** Il y a de la suspense. **b** Il y a du suspense.

2 Vocabulaire

Complète le tableau à l'aide des expressions. Certains mots vont dans plusieurs colonnes.

> le narrateur/la narratrice   la confiance   drôle   s'éclater   parler sérieusement
> l'auteur/e   ne pas décevoir qn   réaliste   aider qn   prendre la défense de qn
> les acteurs   l'histoire   la scène   le roman (d'amour, de fantasy …)   le thème
> ennuyeux/ennuyeuse   l'acteur/l'actrice   les personnages principaux

l'amitié	un film	un livre

3 Les adverbes en -ment

Forme les adverbes des adjectifs suivants. Ensuite, complète les phrases par un adjectif ou un adverbe.

> autre   facile
> heureux
> ouvert
> triste   vrai

1. Alors, vous avez trouvé _____ le chemin?
2. Ce livre parle d'une famille _____.
3. Il faut dire _____ ce que tu penses.
4. Tu veux bien chanter une _____ chanson?
5. Arrêtez! Vous êtes _____ pénibles!
6. Lucas a regardé _____ son amie qui partait.

4 Les adjectifs en *-al*

Comment est-ce que tu dis cela en français?

1. die Hauptfigur _____
2. ein normales Leben _____
3. geniale Freunde _____
4. ideale Ferien _____

5 Le pronom relatif *lequel*

Complète les phrases suivantes par une préposition + *lequel/ lesquels/ laquelle/ lesquelles*.

1. Qui est cette fille _____ Saïd parle?
2. Ce sont les deux villages _____ vivent beaucoup de jeunes.
3. J'aime les gens _____ on peut compter!
4. C'est un film _____ on s'ennuie terriblement!
5. Chloé et Mario sont des amis _____ je ne fais rien!

6 Les propositions relatives avec *ce qui* et *ce que*

Complète les phrases suivantes.

1. Tu es triste à cause de _____ je t'ai dit?
2. C'est super cool ici! Je peux faire _____ me plaît.
3. Je ne comprends pas _____ les dérange.
4. Et tu sais _____ cet idiot m'a répondu?!

7 Les verbes

Complète le texte par des formes des verbes suivants au présent, au passé composé ou à l'imparfait.

1. Autrefois, je _____ à Marseille, maintenant, je _____ à Paris.

2. – Alors, le film vous _____, hier soir?

   – Oui! Les films de Dany Boon nous _____ toujours!

3. – Pourquoi est-ce que vous _____ comme ça? Vous _____ que ça m'énerve?

   – Tu n'es pas drôle, tu ne _____ jamais! Tu nous _____.

rire *(2x)*
plaire *(2x)*
vivre *(2x)*
savoir
décevoir

MODULE B — Je veux qu'il vienne!

1 Relie les phrases pour reconstituer l'histoire. Puis récris-les dans ton cahier. (▶ Texte, p. 46)

Antoine demande à ses parents	**1**	**a**	que leur fils sorte.
Sa mère ne voudrait pas	**2**	**b**	que les jeunes rangent l'appartement.
Et son père ne veut pas	**3**	**c**	s'ils invitent Sarah.
C'est pourquoi il veut	**4**	**d**	faire la fête chez elle.
Les parents de Romain ne veulent pas	**5**	**e**	que Romain vienne.
Ils veulent	**6**	**f**	qu'elle fasse trop de bruit avec ses copains.
Marie demande à sa mère si elle peut	**7**	**g**	avoir des problèmes avec eux.
C'est d'accord pour la fête, mais il faut	**8**	**h**	qu'elle prévienne les voisins.
Et il ne faut pas	**9**	**i**	qu'il travaille pour l'école.
Après, il faut	**10**	**j**	parce que les jeunes font du bruit.
Antoine demande à Marie	**11**	**k**	s'il peut faire une fête chez lui.
Marie ne veut pas	**12**	**l**	qu'elle vienne.
Elle voudrait	**13**	**m**	qu'il dérange les voisins.
Le jour de la fête, Marie est contente	**14**	**n**	qu'il trouve un autre endroit.
Les voisins ne sont pas contents	**15**	**o**	parce que Romain a pu venir.

1. ___ 2. ___ 3. ___ 4. ___ 5. ___ 6. ___ 7. ___ 8. ___ 9. ___ 10. ___ 11. ___ 12. ___ 13. ___ 14. ___ 15. ___

2 Retrouve l'infinitif de ces formes au subjonctif. Puis écris une phrase avec chaque forme à droite. (▶ p. 47/6)

1. *aller* — que j'aille — *Il veut que j'aille à la fête.*
2. _____ que vous ayez — *Je* _____
3. _____ que nous soyons — *Ils* _____
4. _____ que je dise _____
5. _____ que je fasse _____
6. _____ que vous réagissiez _____
7. _____ qu'ils attendent _____
8. _____ qu'il puisse _____
9. _____ que vous sachiez _____
10. _____ qu'elle parte _____
11. _____ qu'on vienne _____
12. _____ que tu veuilles _____
13. _____ que tu comprennes _____

3 Indicatif ou subjonctif? Relie. (▶ p. 47/2)

1. Je sais que
2. Je veux que
3. Je pense que
4. Je voudrais que
5. Il faut qu'
6. Elle dit qu'
7. Je trouve que
8. Il ne faut pas que

Romain vienne à la fête.
Romain vient à la fête.
vous vous amusiez.
vous allez vous amuser.
elle comprenne les voisins.
elle comprend les voisins.
vous exagériez.
vous exagérez.

> Je veux + *infinitif*
> → **Je veux** *faire* une fête.
>
> ❗ Je veux *que* ___ + *subjonctif*
> → **Je veux** *que* **Marie** *fasse* une fête.

4 C'est le week-end. La famille Garnier discute au petit-déjeuner. Complète par des formes au subjonctif. (▶ p. 47/6)

aller   finir   avoir   travailler   faire   apprendre   être

1. Les enfants, ce matin, on veut que vous _____ pour l'école.

2. Océane, il faut que tu _____ ton vocabulaire d'allemand.

3. On veut que tu _____ une bonne note à ton interro.

4. Toi, Enzo, il faut que tu _____ ton roman pour ta présentation.

5. Et il faut que tu _____ tes exercices de maths: tes notes sont catastrophiques.

6. Maman, Léa voudrait qu'on _____ à la piscine cet après-midi.

7. D'accord, mais je veux que tu _____ ici à 19 heures.

5 Lili va à la fête chez Marie. Qu'est-ce qu'elle (ne) doit (pas) faire? Utilise *Il (ne) faut (pas) que* + **subjonctif**. Écris dans ton cahier.

> 1. Ne dérange pas les parents de Marie.
> 2. Ne fais pas trop de bruit.
> 3. Aide Marie à ranger l'appartement.
> 4. Tu dois être à la maison à 23 heures.

6 Tu veux partir en balade avec tes amis. Trouve une fin à ces débuts de phrases. Utilise le subjonctif.

1. Mes amis veulent que *je fasse de l'aviron avec eux.*

2. Il faut que/qu' _____

3. Je ne voudrais pas que/qu' _____

4. On veut que/qu' _____

5. Je voudrais que/qu' _____

6. Il ne faut pas que/qu' _____

Tu es en forme pour l'unité 3? facultatif

1 Sophie rencontre un copain dans le métro. Elle lui pose des questions. Retrouve-les et complète le dialogue.

1. – _____

   – Hier? Je n'ai rien fait de spécial … Ah si! Je suis allé au ciné.

2. – _____

   – J'ai vu «Les profs». C'était sympa!

3. – _____

   – Je descends à Odéon. Mon collège est à côté.

4. – _____

   – Oui, j'ai des profs sympas. Ça va.

5. – _____

   – Samedi matin, je vais au foot, mais après, j'ai le temps. On fait quelque chose ensemble?

2 Mourad fait un exposé sur une tour du futur «l'Ultima Tower»: Écoute ce qu'il raconte. Puis souligne les bonnes réponses. Tu peux écouter le texte plusieurs fois.

500 / 600 / 700 étages
2 000 / 3 000 / 10 000 mètres (la base[1])
3 207 / 3 217 / 13 207 mètres (la hauteur)
1 000 000 / 5 000 000 / 20 000 000 habitants
35 000 / 36 000 / 37 000 ouvriers
6 / 13 / 16 ans

[1] la base das Fundament

3 Sophie raconte à sa copine ce qu'elle a fait pendant les vacances. Utilise le passé composé.

jouer   aller *(2x)*   rentrer   faire   passer   nager   sortir

J'_____ des super vacances chez mes cousins à Sète! On _____ un tas de trucs. On _____ à la plage, on _____ dans la mer, on _____ au ballon! Une fois, je _____ : je _____ à une
5 fête et je _____ à une heure du matin. C'était trop cool!

4 Imagine une journée de vacances idéale. Utilise au moins six verbes pronominaux au présent. Écris dans ton cahier.

> se lever   se dépêcher   s'amuser
> s'ennuyer   se préparer   se coucher
> se baigner   se promener   se souvenir de qc/qn
> s'éclater   ___

Pendant les vacances, je …

5 Oscar a préparé un buffet pour sa fête d'anniversaire. Qu'est-ce qu'il y a? Utilise *de la*, *de l'*, *du* et *des*. Écris dans ton cahier.

6 a Parle de tes préférences et fais des comparaisons. Utilise le comparatif de ces adjectifs. Écris dans ton cahier.

Exemple: Les bonbons sont moins chers que les fruits et je les trouve aussi bons.

> beau   bon   célèbre   chaud   cher   cool   dangereux   drôle   facile   grand   haut
> intéressant   joli   pratique   sympa   ___

1. les bonbons – les fruits
2. la bédé d'Astérix – la bédé de Tintin
3. l'anglais – l'allemand
4. le pull bleu – le tee-shirt rouge
5. le ski – l'athlétisme
6. la tour Eiffel – la tour Montparnasse

b Des touristes visitent Paris en car. Que dit le guide? Utilise le superlatif de l'adjectif. Pense à l'accord des adjectifs! Écris les phrases dans ton cahier.

1. Le 15e / être / + grand / arrondissement / Paris.
2. Le Louvre / être / le musée / + célèbre / monde.
3. Le pont Neuf / être / + vieux / pont / Paris.
4. La maison / + petit / Paris / se trouver / 10e arrondissement.
5. Dans ce magasin, on / trouver / vêtements / – cher / capitale.
6. Chez Berthillon / on / trouver / ! + bon / glaces / ville.

Tu es en forme pour l'unité 3?

Unité 3 Vive le Québec!

VOLET 1

Vocabulaire et expression

1 Un camarade de classe a écrit un texte sur le Canada. Complète le texte au présent.
(▶ Liste des mots, p. 182–185)

> *coloniser* la région   *entrer* en guerre avec
> *découvrir*   le navigateur   *devenir* anglais
> *devenir* la langue officielle   par le fleuve

Montréal est la deuxième plus grande ville francophone après Paris.

En 1534, _____ Jacques Cartier _____ le Canada. Il arrive à Gaspé _____ Saint-Laurent. Les Français _____ et l'appellent la Nouvelle-France. En 1760, les Anglais, qui aiment aussi cette région, _____ la France. En 1763, le Canada _____ , mais les Français restent au Québec. En 1974, le français _____ du Québec.

Grammaire

2 À toi! Présente ces jeunes. Écris dans ton cahier.   (▶ Repères, p. 66/1)

1 Klara
Allemagne
Berlin

2 Akuti
Inde
Calcutta

3 Esma
Turquie *f.*
Ankara

4 Philippe et Xavier
Belgique
Bruxelles

5 Maria et Ronaldo
Portugal
Porto

6 Jaap
Pays-Bas *m. pl.*
Amsterdam

7 Jeanne
Québec
Laval

8 À toi.
Imagine.

être de/du/des   venir de/du/des
habiter à/au/aux/en   vivre à/au/aux/en

1. Klara vient d'Allemagne. Elle habite à Berlin.

VOLET 1   39

3

3 a Des jeunes font une excursion à la montagne. Qu'est-ce qu'ils disent? Relie les mini-dialogues.
(▶ Repères, p. 66/2)

– Qui est-ce qui peut me passer ses jumelles? **1**
– Qui est-ce qui peut porter les sacs? **2**
– Qu'est-ce qu'il y a? **3**
– Mais si, qu'est-ce qui te dérange? **4**

a – Pas moi, parce que je prends la tente.
b – Rien!
c – Ta musique est trop forte!
d – Moi, mais ne les garde pas longtemps!

b Qu'est-ce qu'ils disent? Complète les questions. Utilise *qui est-ce qui, qui est-ce que/qu', qu'est-ce qui, qu'est-ce que/qu'*. (▶ Repères, p. 66/2)

1. – On ne peut pas passer par là. _____ on fait?
   – On va prendre ce chemin.

2. – _____ me passe un peu d'eau?
   – Moi, j'ai seulement du jus de fruits.

3. – _____ tu préfères dans le groupe?
   – Je ne sais pas … Tout le monde est sympa.

4. – Tu n'es pas content? _____ ne va pas?
   – Je voudrais bien faire une pause!

c À toi! Écris deux mini-dialogues comme en **b** dans ton cahier.

Médiation

4 Ta famille veut passer les prochaines vacances d'hiver au Québec. Explique-leur ce qu'est l'Igloofest. Prends des notes dans ton cahier. (▶ Méthodes, p. 149/29)

L'IGLOOFEST

Igloofest, c'est le festival d'hiver de Montréal. Il a lieu en janvier et en février sur le quai Jacques-Cartier du Vieux-Port de Montréal. Pendant quatre week-ends,
5 des milliers de gens, fan de musique électro, viennent entendre des DJ québécois et internationaux. Et tout le monde danse sur cette musique en plein air, même par des
10 températures de – 30 degrés! Les gens n'ont pas peur du froid! Pendant ce festival, il y a aussi le concours «One piece» (la combinaison de neige la plus
15 originale!) et on peut visiter le village d'igloos construits pour l'occasion.

Environ:
70 000 visiteurs
2 000 000 $ de budget total
52 DJ pour **91** heures de musique
60 tonnes de neige pour construire les igloos
300 employés volontaires
10 000 tweets reçus pendant le festival

VOLET 1

Le jeu des «petits mots»

SPIELREGELN

1 Schneide die Karten aus und lege sie mit der Seite, auf dem die deutschen Wörter stehen, auf den Tisch.

2 A zieht eine Karte und liest das deutsche Wort vor. B nennt die französische Entsprechung und A schaut auf der Rückseite der Karte nach, ob die Antwort stimmt.

Richtige Antwort: B sucht einen passenden Satz auf der anderen Seite aus, ergänzt ihn durch das Wort auf seiner/ihrer Karte und liest ihn vor. B behält die Karte.

Falsche Antwort: A legt die Karte zurück.

3 Jetzt ist B an der Reihe.

Der Spieler, der die meisten Karten hat, hat gewonnen.

oder	unter	draußen	genug
wo	hier	vor	ziemlich
ab und zu	da, hier	hinter	früher
immer	dort	also	früher
die ganze Zeit	minus	auf einmal	bevor
plötzlich	überall	noch einmal	als
gleich	wenig	noch	wie
vorhin	eher	endlich	da
sofort	mehr	schließlich	gegen
gerade aus	fast	na ja	schon
ein bisschen	dann	zwischen	seit

assez de	dehors	entre	ou
assez	devant	ici	où
autrefois	derrière	là	de temps en temps
avant	donc	là-bas	toujours
avant de	en une fois	moins	tout le temps
comme	encore une fois	partout	tout à coup
comme	encore	peu	tout à l'heure
comme	enfin	plutôt	tout à l'heure
contre	enfin	plus	tout de suite
déjà	enfin	presque	tout droit
depuis	entre	puis	un peu

assez de

assez

1. On a ? fruits pour faire une glace.
2. J'ai trouvé le film «Les Profs» ? drôle.
3. Paris était comment, ? ?
4. ?, j'habitais à Paris.
5. Ferme la porte ? sortir, s'il te plaît.
6. Qu'est-ce que vous prenez ? dessert?
7. Léa est ouverte et sympa ? sa sœur.
8. ? je suis malade, je reste au lit.
9. Qu'est-ce que tu as ? moi?
10. Tu as ? fini ton roman? Tu lis vite.
11. Marc est malade ? jeudi.
12. ?, il fait froid aujourd'hui.
13. Tu cherches tes clés? Elles sont ? toi!
14. J'ai laissé mon sac ? la porte.
15. Je pense ? je suis.
16. J'ai fait tout ce travail ?.
17. Chante ?, s'il te plaît!
18. Est-ce que tu as ? une question?
19. J'ai ? retrouvé mes clés!
20. ?, on est sortis dans la cour.
21. J'ai tout compris ... ? presque.
22. J'habite ? la boulangerie et le café.
23. On a passé une journée ? copains.
24. On est restés ? et on a fait un jeu.
25. Mon frère n'est pas ?, il est chez Tino.
26. Tu vois la fille ? ? C'est la sœur de Léon.
27. En hiver, il fait souvent ? dix degrés.
28. À Paris, il y a des touristes ?.
29. Mon copain parle ?, il préfère écouter.
30. Moi, j'aime ? les romans de fantasy.
31. Je lis un livre par semaine et parfois ?.
32. Attends, j'arrive, j'ai ? fini!
33. On est allés au cinéma, ? on est rentrés.
34. Tu as choisi le thème numéro 1 ? le numéro 2?
35. Je ne sais plus ? j'ai rangé mon classeur.
36. Je vais ? au planétarium.
37. Tu veux ? avoir raison, tu m'énerves!
38. Tu es pénible, tu râles ?!
39. Tout allait bien, mais ?, il est parti.
40. Nathan et Lisa vont venir ?.
41. J'ai vu Léo et son frère ?.
42. Attendez, moi, j'arrive ?.
43. La gare? C'est toujours ?.
44. Tu pourrais en laisser ? pour les autres.

Le jeu des «petits mots» B

LÖSUNGEN

1. assez de
2. assez
3. autrefois
4. avant
5. avant de
6. comme
7. comme
8. comme
9. contre
10. déjà
11. depuis
12. dehors
13. devant
14. derrière
15. donc
16. en une fois
17. encore une fois
18. encore
19. enfin
20. enfin
21. enfin
22. entre
23. entre
24. ici
25. là
26. là-bas
27. moins
28. partout
29. peu
30. plutôt
31. plus
32. presque
33. puis
34. ou
35. où
36. de temps en temps
37. toujours
38. tout le temps
39. tout à coup
40. tout à l'heure
41. tout à l'heure
42. tout de suite
43. tout droit
44. un peu

En colonie de vacances

RÈGLE DU JEU

Jouez à deux. Le joueur A est l'élève allemand/e qui va chez son corres. Le joueur B joue l'autre rôle.

1. Vous êtes en colonie de vacances. Vous devez choisir votre programme.
2. A choisit trois cartes SPORT et deux cartes ATELIER et présente les activités sportives et les ateliers.
3. B choisit trois cartes SPORT et deux cartes ATELIER et présente les activités sportives et les ateliers.
4. Mettez-vous d'accord sur les ateliers et les activités sportives. Puis choisissez quatre activités sportives et deux ateliers.

PRÉPARATION DELF A⁄

atelier chanson: Compose des chansons.	**atelier cirque:** Apprends à faire des numéros de cirque.	**atelier cuisine:** Invente des plats originaux.
atelier dessin: Dessine une bédé.	**atelier espagnol:** Apprends l'espagnol.	**atelier cinéma:** Tourne ton propre film.
atelier jeux vidéo: Crée un jeu vidéo.	**atelier journalisme:** Écris des articles.	**atelier manga:** Dessine un manga.
atelier mode: Invente un look.	**atelier nature:** Observe des animaux avec des jumelles.	**atelier humour:** Écris des sketches.

En colonie de vacances: ATELIER	En colonie de vacances: ATELIER	En colonie de vacances: ATELIER
En colonie de vacances: ATELIER | En colonie de vacances: ATELIER | En colonie de vacances: ATELIER | En colonie de vacances: ATELIER | En colonie de vacances: ATELIER | En colonie de vacances: ATELIER | En colonie de vacances: ATELIER | En colonie de vacances: ATELIER | En colonie de vacances: ATELIER | En colonie de vacances: ATELIER | En colonie de vacances: ATELIER | En colonie de vacances: ATELIER | En	En colonie de vacances: ATELIER | En colonie de vacances: ATELIER | En colonie de vacances: ATELIER | En colonie de vacances: ATELIER | En colonie de vacances: ATELIER | En colonie de vacances: ATELIER | En colonie de vacances: ATELIER | En colonie de vacances: ATELIER | En colonie de vacances: ATELIER | En colonie de vacances: ATELIER | En colonie de vacances: ATELIER | En colonie de vacances: ATELIER | En	En colonie de vacances: ATELIER | En colonie de vacances: ATELIER | En colonie de vacances: ATELIER | En colonie de vacances: ATELIER | En colonie de vacances: ATELIER | En colonie de vacances: ATELIER | En colonie de vacances: ATELIER | En colonie de vacances: ATELIER | En colonie de vacances: ATELIER | En colonie de vacances: ATELIER | En colonie de vacances: ATELIER | En colonie de vacances: ATELIER | En
En colonie de vacances: ATELIER | En colonie de vacances: ATELIER | En colonie de vacances: ATELIER | En colonie de vacances: ATELIER | En colonie de vacances: ATELIER | En colonie de vacances: ATELIER | En colonie de vacances: ATELIER | En colonie de vacances: ATELIER | En colonie de vacances: ATELIER | En colonie de vacances: ATELIER | En colonie de vacances: ATELIER | En colonie de vacances: ATELIER | En	En colonie de vacances: ATELIER | En colonie de vacances: ATELIER | En colonie de vacances: ATELIER | En colonie de vacances: ATELIER | En colonie de vacances: ATELIER | En colonie de vacances: ATELIER | En colonie de vacances: ATELIER | En colonie de vacances: ATELIER | En colonie de vacances: ATELIER | En colonie de vacances: ATELIER | En colonie de vacances: ATELIER | En colonie de vacances: ATELIER | En	En colonie de vacances: ATELIER | En colonie de vacances: ATELIER | En colonie de vacances: ATELIER | En colonie de vacances: ATELIER | En colonie de vacances: ATELIER | En colonie de vacances: ATELIER | En colonie de vacances: ATELIER | En colonie de vacances: ATELIER | En colonie de vacances: ATELIER | En colonie de vacances: ATELIER | En colonie de vacances: ATELIER | En colonie de vacances: ATELIER | En
En colonie de vacances: ATELIER | En colonie de vacances: ATELIER | En colonie de vacances: ATELIER | En colonie de vacances: ATELIER | En colonie de vacances: ATELIER | En colonie de vacances: ATELIER | En colonie de vacances: ATELIER | En colonie de vacances: ATELIER | En colonie de vacances: ATELIER | En colonie de vacances: ATELIER | En colonie de vacances: ATELIER | En colonie de vacances: ATELIER | En	En colonie de vacances: ATELIER | En colonie de vacances: ATELIER | En colonie de vacances: ATELIER | En colonie de vacances: ATELIER | En colonie de vacances: ATELIER | En colonie de vacances: ATELIER | En colonie de vacances: ATELIER | En colonie de vacances: ATELIER | En colonie de vacances: ATELIER | En colonie de vacances: ATELIER | En colonie de vacances: ATELIER | En colonie de vacances: ATELIER | En	En colonie de vacances: ATELIER | En colonie de vacances: ATELIER | En colonie de vacances: ATELIER | En colonie de vacances: ATELIER | En colonie de vacances: ATELIER | En colonie de vacances: ATELIER | En colonie de vacances: ATELIER | En colonie de vacances: ATELIER | En colonie de vacances: ATELIER | En colonie de vacances: ATELIER | En colonie de vacances: ATELIER | En colonie de vacances: ATELIER | En
En colonie de vacances: ATELIER | En colonie de vacances: ATELIER | En colonie de vacances: ATELIER | En colonie de vacances: ATELIER | En colonie de vacances: ATELIER | En colonie de vacances: ATELIER | En colonie de vacances: ATELIER | En colonie de vacances: ATELIER | En colonie de vacances: ATELIER | En colonie de vacances: ATELIER | En colonie de vacances: ATELIER | En colonie de vacances: ATELIER | En	En colonie de vacances: ATELIER | En colonie de vacances: ATELIER | En colonie de vacances: ATELIER | En colonie de vacances: ATELIER | En colonie de vacances: ATELIER | En colonie de vacances: ATELIER | En colonie de vacances: ATELIER | En colonie de vacances: ATELIER | En colonie de vacances: ATELIER | En colonie de vacances: ATELIER | En colonie de vacances: ATELIER | En colonie de vacances: ATELIER | En	En colonie de vacances: ATELIER | En colonie de vacances: ATELIER | En colonie de vacances: ATELIER | En colonie de vacances: ATELIER | En colonie de vacances: ATELIER | En colonie de vacances: ATELIER | En colonie de vacances: ATELIER | En colonie de vacances: ATELIER | En colonie de vacances: ATELIER | En colonie de vacances: ATELIER | En colonie de vacances: ATELIER | En colonie de vacances: ATELIER | En

En colonie de vacances D

SPORT | En colonie de vacances: SPORT | En colonie de vacances: SPORT | En colonie de vacances: SPORT | En colonie de vacances: SPORT | En colonie de vacances: SPORT | En colonie de vacances: SPORT | En colonie de vacances: SPORT | En colonie de vacances: SPORT | En colonie de vacances: SPORT | En colonie de vacances: SPORT | En colonie de vacances: SPORT | En colonie de vacances: SPORT | En colonie de vacances: SPORT | En colonie de vacances: SPORT | En colonie de vacances: SPORT | En colonie de vacances: SPORT | En colonie de vacances: SPORT | En colonie de vacances: SPORT | En colonie de vacances: SPORT | En colonie de vacances: SPORT En colonie de vacances: SPORT

VOLET 2

Vocabulaire et expression

1 a Regarde le dessin pendant 30 secondes, puis ferme ton carnet et note le maximum de mots. Écris-les dans ton cahier avec l'article défini. (▶ Liste des mots, p. 185–187)

b Est-ce que tu as trouvé tous les mots? Compare avec ton/ta partenaire et complète si nécessaire.

Lire et comprendre

2 Relis le blog de Jérémy, p. 56–57, puis prépare au moins six questions (et aussi les réponses) sur le texte pour les poser à ton/ta partenaire qui répond. Écris dans ton cahier.

> Qui?   Où?   Pourquoi?   Comment?
> Qu'est-ce que?   Quel?   Est-ce que?

Grammaire

3 a Lis le texte. Ensuite, dessine ce qu'il y a sur les deux tables. (▶ Repères, p. 67/5)

Sur la table de gauche, il y a une tarte au sirop d'érable, sur la table de droite, il y en a deux. Sur la table de gauche, il y a de la soupe aux pois, sur la table de droite, il y en a aussi. Sur la table de gauche, il y a du pain, sur la table de droite, il n'y en a pas. Sur la table de gauche, il y a une bouteille d'eau, sur la table de droite, il y en a trois. Sur la table de gauche, il n'y a pas de fruits, sur la table de droite, il y en a. Sur la table de gauche, il y a deux bouteilles de coca, sur la table de droite, il n'y en a pas. Sur la table de gauche, il n'y a pas de charcuterie, sur la table de droite, il y en a une assiette.

b Écris un texte comme en **a**. Lis-le à ton/ta partenaire. Il/Elle dessine. Puis, c'est ton tour. À la fin, comparez les dessins aux textes.

4 Olivia et Félix veulent faire une tarte au sirop d'érable. Complète le dialogue. Utilise le pronom *en*. (▶ Repères, p. 67/5)

– On a du sucre?

– Oui, on _____.

– Il faut combien d'œufs pour la tarte?

– Il _____. Ça va, on _____.

– Il y a de la farine?

– Oui, on _____!

– On a du beurre?

– Attends, je regarde … Non, on n'_____.

Il faut _____.

Il faut aussi acheter du sirop d'érable, on n'_____.

5 Les parents de Gabriel sont venus rechercher les deux garçons. Qu'est-ce qu'ils ont dit? Utilise le passé composé des verbes pronominaux. Écris les phrases dans ton cahier. (▶ Repères, p. 67/3)

1. Alors, tout / bien se passer? Vous / bien s'amuser?
2. Moi, je / s'éclater.
3. Moi aussi, je / bien m'amuser.
4. On / se promener pendant cinq heures!
5. Et on / s'arrêter pour observer les caribous!
6. Vous / se coucher tard, hier soir?
7. Non, mais on / se lever tôt, ce matin!
8. D'abord, les groupes / s'occuper des chiens.
9. Une fille / s'énerver, parce qu'un chien ne voulait pas la suivre.
10. Vous / ne pas s'ennuyer alors!
11. Non! Et puis, notre groupe était super: Olivia / s'intéresser à Jérémy!

Écouter et comprendre

6 Jérémy et Gabriel sont invités chez Olivia à Québec pour le carnaval. Olivia téléphone à Jérémy. Écoute le dialogue et coche la bonne réponse.

1. Date d'arrivée:
2. Venir en:
3. Heure d'arrivée:
4. Regarder:
5. Se baigner dans:
6. Température:

Écrire

7 a Olivia et Félix ont passé le week-end à Montréal, chez Jérémy. Imagine ce qu'il a écrit dans son blog. Utilise *avant de* + infinitif. Écris dans ton cahier. (▶ Repères, p. 67/4)

Exemple: Samedi, avant d'aller faire du shopping, nous nous sommes promenés dans Montréal. Nous y sommes restés pendant deux heures. ...

Samedi

se promener dans Montréal | *faire* du shopping | *faire* une balade au parc du Mont-Royal | *aller* au Cirque du soleil

Dimanche

s'éclater au Planétarium | *manger* un chien chaud | *visiter* le jardin botanique | *prendre* le train

b Et toi? Qu'est-ce que tu as fait le week-end dernier? Utilise *avant de* + infinitif. Écris au moins trois phrases comme en **a** dans ton cahier.

VOLET 2 — 43

VOLET 3

Vocabulaire et expression

CD 14

1 Lis les mots. Ensuite, écoute le texte. De quoi est-ce qu'on parle? Note les numéros dans les bonnes cases. (▶ Liste des mots, p. 188–190)

- ☐ l'aéroport
- ☐ l'avion
- ☐ le hockey sur glace
- ☐ un anorak
- ☐ des baleines
- ☐ les igloos
- ☐ les Inuits
- ☐ l'ours blanc
- ☐ la route
- ☐ la motoneige
- ☐ la rivière
- ☐ le ski de fond

Lire et comprendre

2 Est-ce que tu connais le nord du Québec? Fais ce quiz. Note les réponses dans ton cahier. (▶ Texte, p. 60–61)

QUIZ

1. Où se trouve Harrington Harbour?
2. Comment peut-on y aller?
3. Nomme les activités qu'on peut y faire en été.
4. Nomme les activités qu'on peut y faire en hiver.
5. Nomme l'activité économique principale du village.
6. Nomme le film qu'on a tourné sur cette île.
7. Comment s'appelle la région où vivent les Inuits?
8. Quel est le village le plus important de cette région?
9. Nomme deux animaux du Grand Nord.
10. Nomme trois mots en inuktitut.
11. Nomme deux autres langues que parlent les Inuits.
12. Nomme une activité économique importante de la région.

Grammaire

3 Compare Akiak et son frère Nanuk. Utilise le comparatif de l'adverbe. Écris dans ton cahier.
(▶ Repères, p. 67/6)

Exemple: 1. Akiak parle aussi bien anglais que Nanuk.

Akiak
1. parle très bien anglais
2. parle très bien français
3. ne fait pas très bien du kayak
4. nage vite
5. va souvent au cinéma
6. fait assez mal les igloos

Nanuk
1. parle très bien anglais
2. parle assez bien français
3. fait bien du kayak
4. ne nage pas vite
5. ne va pas souvent au cinéma
6. fait assez mal les igloos

4 Fais des comparaisons. Fais des phrases et utilise le comparatif de l'adverbe. Écris dans ton cahier.
(▶ Repères, p. 67/6)

1. la motoneige (+ vite) / le traîneau
2. la voiture (− vite) / l'avion
3. la vie en ville (+ bien) / la ville à la campagne
4. Samuel en été: le bateau (+ souvent) / l'avion
5. Montréal – Ottawa: 191 km (− loin) / Montréal – Québec: 271 km
6. Akiak / Nanuk: parler inuktitut (= bien)

Exemple:
1. En motoneige, on va plus vite qu'en traîneau.

5 Samuel a répondu aux questions d'un journaliste. Complète ses réponses.
Utilise le superlatif de l'adverbe. (▶ Repères, p. 67/6)

1. Le hockey sur glace est le sport que j'aime (+ beaucoup) _____.

2. Quand je suis au village, je fais du hockey sur glace (+ souvent) _____ possible.

3. Paul joue (+ bien) _____ : il court (+ vite) _____ de nous tous.

4. Il marque aussi (+ beaucoup) _____ de buts!

5. Le rugby est le sport qui m'intéresse (− peu) _____.

6 a À Harrington Harbour, hier et aujourd'hui. Fais les phrases et écris-les dans ton cahier. Utilise *autant de, plus de* et *moins de*.

Exemple: 1. Autrefois, il y avait moins de touristes qu'aujourd'hui.

1. autrefois / − touristes / aujourd'hui
2. aujourd'hui / + hôtels / autrefois
3. autrefois / = habitants / aujourd'hui
4. aujourd'hui / − baleines / autrefois
5. aujourd'hui / + restaurants / avant
6. avant / = ouvriers à l'usine / aujourd'hui
7. autrefois / − guides touristiques / aujourd'hui
8. aujourd'hui / − jeunes / avant

b Écris cinq phrases sur ta ville / ton village / ton quartier / ta région comme en **a**. Tu peux demander des informations à tes parents. Écris dans ton cahier.

Parler

7 a Tu rencontres un ami français / une amie française et tu lui racontes tes vacances au Québec. Il/Elle te pose beaucoup de questions. Qui est A et qui est B?

Partenaire A (Ton ami/e français/e)	**Partenaire B** (Toi)
– fragt, mit wem **B** in Québec war.	– antwortet: mit den Eltern und dem Bruder.
– fragt, wo **B** in Québec war.	– in Montréal, in Québec-Stadt, im Jacques-Cartier-Tal und im Norden Québecs.
– fragt, welche Stadt **B** am meisten gefallen hat.	– sagt, dass er/sie Québec-Stadt gemocht hat, aber er/sie Montréal lieber mag und nennt einen Grund.
– erkundigt sich über die unterirdische Stadt in Montréal.	– antwortet, dass es ganz toll ist und erzählt, was man dort machen kann.
– fragt, wie lange **B** in Montréal geblieben ist.	– eine Woche.
– fragt, was **B** dort gemacht hat.	– erzählt, dass er/sie mit seiner/ihrer Familie eine Wanderung gemacht hat und sagt, wie das war.
– fragt, ob **B** dort Karibus gesehen hat.	– bejaht und erzählt, dass er/sie ebenfalls einen Schwarzbären gesehen hat.
– möchte wissen, ob **B** Angst hatte.	– bejaht. **B** sagt, dass er/sie nicht geschrien hat und fügt hinzu, dass der Bär sich außerdem nicht für ihn/sie interessiert hat.
– möchte wissen, ob **B** Wale gesehen hat.	– erzählt, dass er/sie welche an der Nordküste *(la Côte-Nord)* gesehen hat. **B** erklärt, dass er/sie sie vom Schiff aus betrachtet hat.
– fragt wie die Nordküste *(la Côte-Nord)* ist.	– antwortet und erklärt, dass das weit weg von allem ist und dass sie mit dem Schiff gefahren sind, weil es nicht überall Straßen gibt.
– fragt, ob **B** Ausdrücke aus Quebec gelernt hat.	– bejaht und gibt ein Beispiel.

b Échangez les rôles.

Regarder et comprendre

DVD 8 Regarde la séquence. Qu'est-ce que tu reconnais? Note les mots dans ton cahier.

Apprendre à apprendre

9 a Lis ce texte sur la Gaspésie. Cherche dans un dictionnaire les mots que tu ne connais pas et que tu ne comprends pas. (▶ Méthodes, p. 137/5)

On vous attend en Gaspésie!

La Gaspésie est une péninsule dans le sud-est du Québec, au bord de l'océan Atlantique. Son nom vient du mot «gespeg» qui veut dire «la fin de la terre» en micmac (langue indienne). Cette région est presque aussi grande que la Belgique (30 341 km^2), mais compte seulement un peu plus de 130 000 habitants. Gaspé est la ville principale avec 15 000 habitants.

La Gaspésie est une région très intéressante et originale. Les Indiens, installés en Gaspésie depuis des milliers d'années, ont vu arriver des Vikings, des navigateurs italiens, et des pêcheurs européens sur les eaux du Saint-Laurent avant l'arrivée de Jacques Cartier. Plus tard, beaucoup d'Anglais aussi se sont installés dans cette région. En Gaspésie, la population est francophone. Mais toutes ces cultures différentes ont apporté leurs traditions … (et leur accent).

La pêche est l'une des activités principales de la région. Les Gaspésiens aiment la pêche en rivière ou en mer et la pêche de glace en hiver. Dans la cuisine gaspésienne, il y a beaucoup de plats de poisson avec du saumon par exemple.

Le tourisme est une autre activité importante de la région. La Gaspésie fait partie des plus beaux endroits au monde à visiter. Ses paysages sont magnifiques et très variés. La région compte 3 000 km de côtes et des plages immenses, mais aussi des forêts, des vallées, des montagnes, des lacs et des rivières, bien sûr, et enfin, une faune très riche: ours noirs, caribous, poissons, baleines, castors, etc. Son climat est froid dans les montagnes, mais il fait moins froid au bord de la mer.

Il existe seulement une route (la route 132). Mais quand on la prend, on peut faire le tour de la région et la visiter facilement. Il existe aussi plus de 2 000 km de chemins pour faire des balades en motoneige. La Gaspésie compte plusieurs parcs nationaux immenses et magnifiques. Dans le parc national de la Gaspésie (802 km^2) se trouvent les montagnes les plus hautes de l'est du Canada, les Appalaches, où vivent les caribous. Dans le parc national de l'Île-Bonaventure-et-du-Rocher-Percé vivent les fous de bassan. Ce sont des oiseaux blancs aux yeux bleus qui peuvent voler vite et loin (jusqu'à 450 km par jour!)

Enfin, les Gaspésiens sont connus pour leur hospitalité et leur joie de vivre.

b À ton avis, quelles sont les informations principales pour quelqu'un qui veut visiter cette région? Cette personne aime le sport et la nature. Relis le texte et <mark>surligne les mots importants</mark>. (▶ Méthodes, p. 146/25.1)

Tipp: Suche nach Oberbegriffen, die viele Wörter zusammenfassen, z. B. *la nature, les animaux …*

c À ton avis, quelles sont les informations importantes qui donnent plus de détails? Relis le texte une troisième fois, puis <u>souligne les mots</u>. Ensuite, comparez vos résultats à deux. (▶ Méthodes, p. 146/25.1)

FAIS LE POINT facultatif

1 Qu'est-ce qu'on dit?

Prépare ta présentation sur le Québec. Écris dans ton cahier.

Sage, dass…
1. Quebec die größte Provinz Kanadas ist und acht Millionen Einwohner hat.
2. Quebec die Hauptstadt und Montreal die größte Stadt ist.
3. die Amtssprache Französisch ist und 83% der Einwohner von Quebec französischsprachig sind.
4. in Nunavik die Inuit Inuktitut und Englisch sprechen und sie Französisch in der Schule lernen.

2 Vocabulaire

Note les mots en français sous les rubriques correspondantes: les animaux, la nature/géographie, les activités, les spécialités et le climat. Écris dans ton cahier.

> der Wald   das Karibu   die Pommes mit Käse und Sauce   −30°   die Hundeschlittenfahrt   die Seen
> der Schwarzbär   der Eisbär   das Eisfischen   der Ahornsirup   die Flüsse   frieren   der Skilanglauf
> der Goldene Herbst   die Erbsensuppe   der Wal   das Eishockey   der Schnee   die Kälte

3 Les prépositions et les articles devant les noms de pays

Complète.

1. Anna vient _____ Allemagne. Avant, elle vivait _____ Canada, maintenant, elle vit _____ États-Unis. Elle connaît bien _____ Portugal et _____ Tunisie.

2. Valentin vient _____ Belgique. Il vit _____ Chine. Il a vécu _____ Inde aussi. Il connaît _____ Canada et _____ États-Unis.

4 Les pronoms interrogatifs *qui est-ce qui*, *qui est-ce que* et *qu'est-ce qui*

Complète les mini-dialogues.

1. – _____ tu veux inviter pour ton anniversaire?

   – Je voudrais inviter tous mes copains!

2. – _____ a gagné le match de hockey sur glace?

   – Les Québécois, bien sûr!

3. – Tu es triste? _____ ne va pas?

   – Marie se moque tout le temps de moi.

4. – _____ est blanc et froid?   – La neige!

5 Les verbes pronominaux au passé composé

Complète. Utilise le passé composé.

se promener   se préparer   se dépêcher   s'arrêter   se lever

1. Maya _____ à sept heures, elle _____ et elle _____ pour ne pas être en retard.

2. Les jeunes _____ dans la forêt. Tout à coup, les filles _____ pour s'occuper d'un oiseau blessé.

6 La phrase infinitive avec *avant de*

Qu'est-ce que Youssouf a fait ce matin? Transforme les phrases. Utilise *avant de* + infinitif. Écris dans ton cahier.

1. Il a pris son petit-déjeuner, puis il a pris sa douche.
2. Il a fait son sac, puis il a rangé son bureau.
3. Il a dit «au revoir» à ses parents, puis il est parti à l'école.

7 Le pronom *en*

Réponds aux questions. Utilise *en*.

1. – Est-ce qu'il y a du pain?   – Oui, _____

2. – Est-ce qu'il y a des fruits?   – Non, _____

8 Le comparatif et le superlatif de l'adverbe

Comment est-ce que tu dis cela en français? Écris dans ton cahier.

Sage, dass
1. eure Reiseführerin genauso gut Französisch wie Englisch spricht. Jedoch zu Hause spricht sie am häufigsten Inuktitut.
2. ihr euch mit Motorschlitten fortbewegt, weil das schneller geht.
3. du im Hotel „Koksoak" besser geschlafen hast als auf dem Campingplatz.
4. du im Zelt weniger gut geschlafen hast als im Iglu!
5. ihr morgen so früh wie möglich aufbrechen werdet, um die Tiere in der Natur zu beobachten.

9 Les quantifiants avec *plus de, autant de, moins de*

Compare ces deux dessins. Utilise *plus de, moins de* et *autant de*. Écris dans ton cahier.

Exemple: Sur le dessin de droite, il y a ___ .

Tu es en forme pour l'unité 4 ? facultatif

1 a Objet direct ou indirect? Écris les verbes dans la bonne colonne du tableau.

> aider qn   donner qc à qn   consoler qn   faire qc
> répéter qc   raconter qc à qn   dire qc à qn

Verb + **qn/qc** = es folgt ein direktes Objekt:

_____

_____

_____

Verb + **à/de** **qn/qc** = es folgt ein indirektes Objekt:

_____

_____

_____

b Complète. Utilise les pronoms objets directs ou les pronoms objets indirects.

les pronoms objets directs	les pronoms objets indirects
me/m', te/t', le, la, l', nous, vous, les	me/m', te/t', lui, nous, vous, leur

1. Tu fais un gâteau? Tu veux que je _____ aide?

2. Ta sœur pleure, je dois _____ consoler.

3. On est samedi, est-ce que tu peux _____ donner son argent de poche?

4. Les courses? Je vais _____ faire, mais il faut que tu _____ donnes de l'argent!

5. Je _____ dis un secret, mais vous ne _____ répétez pas, d'accord?

6. Tu _____ racontes toujours des blagues.

2 Relie.

Mes parents ne veulent pas que je sorte! **1**	**a** Je dois partir!
Ce n'est pas mon truc! **2**	**b** Le repas est prêt!
Il faut que je te dise un truc! **3**	**c** Je dois rester à la maison!
Je compte sur toi! **4**	**d** Tu dois savoir une chose!
À la maison, c'est l'horreur! **5**	**e** Chez nous, l'ambiance est catastrophique!
À table! **6**	**f** Ça ne me plaît pas!
Sans blague! **7**	**g** Je sais que tu vas m'aider!
Il faut que j'y aille! **8**	**h** Ce n'est pas possible!

3 Kahina écrit une lettre à sa correspondante dans laquelle elle présente sa famille, mais elle répète des mots. Complète la deuxième version. Utilise les pronoms relatifs *qui* ou *que/qu'*.

Ma mère organise souvent des fêtes. Les fêtes plaisent à tout le monde.

Mon père fait des gâteaux. Les gâteaux sont les meilleurs du monde.

5 Voilà mon petit frère Jules. Jules est fan de voitures.

Voilà ma grande sœur Célestine. Célestine m'énerve le plus au monde!

Une personne de ma famille est Max. Je trouve Max super drôle. C'est mon cousin. J'adore ses blagues.

10 Sarah est ma cousine. Je préfère ma cousine Sarah.

Et voilà ma grand-mère. Elle me donne toujours des supers conseils.

Ma mère organise souvent des fêtes ___qui___ plaisent à tout le monde.

Mon père fait des gâteaux _____ sont les meilleurs du monde.

Voilà mon petit frère Jules _____ est fan de voitures.

Voilà ma grande sœur Célestine _____ m'énerve le plus au monde!

5 Une personne de la famille _____ je trouve super drôle, c'est mon cousin Max. J'adore ses blagues.

Sarah est la cousine _____ je préfère.

Et voilà ma grand-mère _____ me donne toujours des supers conseils.

4 Kahina a des problèmes avec sa mère. Elle en parle avec sa copine. Utilise *elle dit que, elle veut savoir si* et *elle demande si*.

1. Ta musique est trop forte!
2. Est-ce que tu as fait tes devoirs?
3. Tu as eu une bonne note aujourd'hui?
4. Ton jeu vidéo est trop violent.
5. Tu dois ranger ta chambre!
6. Est-ce que tu peux faire les courses?
7. Ton tee-shirt est trop moche!
8. Tu m'entends, Kahina?

1. <u>Ma mère m'énerve. Elle dit que</u> _____
2. _____
3. _____
4. _____
5. _____
6. _____
7. _____
8. _____

Tu es en forme pour l'unité 4?

Unité 4 La vie en famille

VOLET 1

Vocabulaire

1 Nicolas Poirier rentre chez lui. Son père zappe d'une chaîne à l'autre. Qu'est-ce qu'il regarde? Écoute et note le numéro dans la bonne case. (▶ Liste des mots, p. 191–192)

- ☐ un documentaire
- ☐ une série policière
- ☐ une émission de téléréalité
- ☐ le journal
- ☐ un divertissement
- ☐ un magazine
- ☐ un match de foot

Grammaire

2 a C'est samedi. Les copines vont à une fête. Complète par les formes du verbe *croire*. (▶ Verbes, p. 158)

1. Vous _____ que Jules va venir?

2. J'espère! Armelle _____ qu'il est amoureux de moi!

3. Mélissa et Lise _____ que David va venir avec sa nouvelle copine Emma ...

4. Ah, tu _____ ?

5. Moi, je _____ (imparfait) que c'était fini. Il me l'a dit.

6. Ah bon? Et tu l'_____ (passé composé)?

b Lis encore une fois les phrases de **a** et complète les graffitis. Justifie ta réponse par la bonne phrase de **a**.

Jules ♡ _____
DAVID _____ EMMA

3 Complète les mini-dialogues. Utilise l'impératif avec un pronom. Attention: parfois il faut utiliser la négation! (▶ Repères, p. 88/1)

1. – Ce soir, il y a une émission super, je dois prévenir mes copains.
   – <u>Eh bien, préviens-les!</u>

2. – Je ne sais pas si je peux rester. Je dois téléphoner à mes parents.
   – _____

VOLET 1

3. – Je voudrais regarder ce film avec vous. – _____

4. – J'adore cette actrice. Je voudrais lui écrire. – _____

5. – Je n'ai pas envie d'inviter Marine. – _____

6. – J'ai envie de manger cette tartine. – _____

7. – Je n'ai pas assez d'argent. Je ne peux pas acheter ce DVD. – _____

Regarder et comprendre

4 Regarde la séquence et retrouve le bon programme. Coche la bonne réponse.

1 ☐	2 ☐	3 ☐
TF1 New York, unité spéciale — *Série policière*	**TF1** Toute la musique qu'on aime — *Émission musicale*	**TF1** The voice, la plus belle voix — *Émission musicale*
france 2 Jacques Cartier, monstre ou héros? — *Documentaire historique*	**france 2** Jacques Cartier, monstre ou héros? — *Documentaire historique*	**france 2** Sherlock — *Téléfilm policier*
CANAL+ L'album de la semaine — *Émission musicale*	**CANAL+** Braquo — *Série policière*	**CANAL+** Mon oncle Charly — *Série*
arte Les choristes — *Film*	**arte** Les choristes — *Film*	**arte** Les cow-boys du Far West — *Documentaire*

Médiation

5 Ton/Ta corres veut savoir ce que les Allemands aiment regarder à la télé. Lis cette liste et réponds-lui. Écris dans ton cahier. Utilise *Les Allemands préfèrent …* et *Ils aiment aussi …*

Explique de quelle sorte d'émission il s'agit.

Die Lieblingssendungen der Deutschen

1. Champions League – *Finale*
2. Tatort
3. Polizeiruf 110
4. Ich bin ein Star – Holt mich hier raus
5. DFB-Pokalfinale
6. In aller Freundschaft
7. Wer wird Millionär?
8. Tagesschau
9. DFB-Länderspiel Deutschland-Frankreich
10. Eurovision Song Contest

VOLET 2

Vocabulaire

1 Souligne l'intrus. (▶ Liste des mots, p. 192–193)

1. Qu'est-ce qu'on ne peut pas sortir? le chien l'ascenseur la poubelle le vélo
2. Qu'est-ce qu'on ne peut pas passer? l'aspirateur le pain des vacances à la mer l'escalier
3. Qu'est-ce qu'on ne peut pas descendre? le chien la cuisine les poubelles les bouteilles
4. Qu'est-ce qu'on ne peut pas mettre dans le lave-vaisselle? l'aspirateur l'assiette le plat le verre
5. Qu'est-ce qu'on ne peut pas nettoyer? les vêtements la maison la chaîne de télévision les baskets
6. Qu'est-ce qu'on ne peut pas faire? la cuisine l'armoire le lit les courses
7. Qu'est-ce qu'on ne peut pas mettre? une robe le couvert les cheveux les livres sur l'étagère
8. Qu'est-ce que tu ne peux pas ranger? le lave-vaisselle la cuisine l'armoire la fenêtre

2 Monsieur Problème et Monsieur Solution discutent. Retrouve les mini-dialogues. Écris-les dans ton cahier. Parfois il y a plusieurs possibilités. (▶ Repères, p. 88 / Qu'est-ce qu'on dit?)

J'en ai marre!   Passe-moi le sucre!   Attends, je vais t'aider!

Je te comprends, mais nous avons presque fini!   Regarde, il est sur la table!

J'ai besoin d'une poubelle!   C'est trop compliqué!   Elle est derrière la porte.

Écouter

3 Émilie trouve qu'elle travaille plus que ses frères, à la maison. Écoute la discussion deux fois. Qui fait quoi? Coche les bonnes cases.

CD 22

	Émilie	Max	Hugo	Mère des enfants	Père des enfants
faire la cuisine					
ranger le lave-vaisselle					
mettre le couvert					
passer l'aspirateur					
sortir le chien					
descendre les poubelles					
nettoyer la salle de bain					
faire les courses					
faire son lit					

Grammaire

4 C'est la faute des nouveaux voisins. Complète les phrases. Utilise *c'est / ce sont* ___ *qui/que/qu'*. (▶ Repères, p. 89/2)

1. _____ les enfants des nouveaux voisins _____ laissent leur ballon dans le jardin!

2. _____ à la nouvelle voisine _____ il donne les meilleurs croissants!

3. _____ les nouveaux voisins _____ passent l'aspirateur le samedi matin.

4. _____ le chien des nouveaux voisins _____ cherche toujours la bagarre!

5. Mais _____ avec la fille des voisins _____ notre fils sort!

6. Bonjour Madame … _____ vous _____ avez eu la bonne idée de faire cette fête?

5 a Madame Leclerc rentre à la maison. Elle demande à sa fille ce qu'elle a fait. Complète. Utilise le passé composé. Fais attention au verbe auxiliaire: *avoir* ou *être*!

aller   descendre *(2x)*   passer   préparer   prendre   ranger   sortir *(2x)*

descendre, sortir und *passer* im *passé composé*:

ohne Objekt → Hilfsverb **être**

Je **suis** sorti**e**.
Je **suis** descendu**e**.
Je **suis** passé**e** chez une copine.

mit Objekt → Hilfsverb **avoir**

J'**ai** sorti le chien.
J'**ai** descendu la poubelle.
J'**ai** passé l'aspirateur.

Tipp:
1. Überlege, welches Verb passt.
2. Gibt es ein Objekt? Markiere es.
3. Welches Hilfsverb musst du verwenden?

Anna, ma chérie, qu'est-ce que tu as fait aujourd'hui?

À huit heures, je/j' _____ mon petit-déjeuner, ensuite je/j' _____ le lave-vaisselle et je/j' _____ l'aspirateur. À dix heures, je/j' _____ dans la cour pour jouer au ping-pong avec Rose et nous _____ faire les courses ensemble à 11 heures. À midi, je/ j' _____ le chien, ensuite je/j' _____ le repas … Après le déjeuner, je/j' _____ les poubelles et je/j' _____ au cinéma avec Léonard … Et voilà!

b Anna raconte sa journée à sa copine au téléphone. Écoute et note toutes les différences dans ton cahier.

Apprendre à apprendre

6 a Quel dessin correspond à quel adjectif?

> calme   gentil/gentille   fatigué/e   furieux/furieuse   heureux/heureuse   triste

😭 _____   😐 _____   🙂 _____

😃 _____   😴 _____   😬 _____

b Écoute le dialogue entre Olivier et sa mère. Comment est l'ambiance? Écoute les voix. Écris les adjectifs de **a** dans le bon ordre dans la bonne colonne du tableau. Fais attention à l'accord des adjectifs!
(▶ Méthodes, p. 139/11.2)

	Olivier	la mère
d'abord:		
puis:		
à la fin:		

c Écoute le dialogue encore une fois. Quel est le problème entre Olivier et sa mère? Écris dans ton cahier.

Écrire

7 La copine de Ninou (c'est la fille à droite) rentre chez elle et raconte la scène que tu vois dans la bédé. Elle écrit un mail. Écris à sa place 60–80 mots dans ton cahier.

> Pense à structurer ton texte.
> 1. Écris une phrase d'introduction, p. ex. *Aujourd'hui, j'étais ...*
> 2. Décris la chambre de Ninou en quatre phrases, p. ex. *La chambre de Ninou, c'était l'horreur ...*
> 3. Raconte ce qui s'est passé avec la mère en 4 à 6 phrases, p. ex. *Tout à coup, sa mère est entrée ...*
> 4. Écris une phrase pour finir ton texte, p. ex. *Alors, moi ...*

Le guide junior pour avoir un max d'argent de poche, Vents d'Ouest, 2010

1 tenir qc propre etw. sauber halten

VOLET 3

Lire et comprendre

1 Relis le texte p. 82, puis entoure les bonnes fins de phrases.

1. Nicolas

   a fait confiance à son père. **b** ne fait pas confiance à son père. **c** a besoin des conseils de son père.

2. Le père de Nicolas a fait un cadeau à son fils. C'était

   a  **b**  **c**

3. Quand il a eu le cadeau, Nicolas était

   a 😄 **b** 😬 **c** 😳

4. En fait, il pense que son père

   a ne le connaît pas bien. **b** aime les mêmes trucs que lui. **c** ne s'intéresse pas à ce qu'il fait.

5. Nicolas veut aller en vacances, seul avec des copains. Son père

   a trouve que c'est une bonne idée. **b** trouve que c'est une mauvaise idée. **c** ne le sait pas.

Vocabulaire

2 Retrouve les phrases qui veulent dire la même chose ou qui expliquent les phrases de gauche.
(▶ Repères, p. 88 / Qu'est-ce qu'on dit?)

J'ai des doutes! **1**	**a**	Il faut lui dire tout ce que tu penses de lui!
Je trouve ça dégoutant! **2**	**b**	Ce n'est pas vrai!
Excuse-moi! **3**	**c**	Tu n'as pas le droit de faire ça!
Tu exagères! **4**	**d**	J'attendais autre chose!
Dis-lui ses quatre vérités! **5**	**e**	C'est moins grave que ce que tu racontes!
Vas-y, raconte! **6**	**f**	Je ne veux plus vivre comme ça!
J'étais étonné. **7**	**g**	Tu dois respecter ma vie privée!
Tu dis n'importe quoi! **8**	**h**	Je t'écoute, dis-moi tout!
J'en ai marre! **9**	**i**	Je te demande pardon!
Tu n'as pas le droit de m'espionner! **10**	**j**	Je ne suis pas sûr!
Je t'interdis de faire ça! **11**	**k**	C'est vraiment dégueulasse!

1. ___ 2. ___ 3. ___ 4. ___ 5. ___ 6. ___ 7. ___ 8. ___ 9. ___ 10. ___ 11. ___

3 a Qu'est-ce qu'on peut faire avec l'ordinateur? Retrouve les expressions et complète. Parfois, il y a plusieurs possibilités. (▶ Liste des mots, p. 194–196)

> le profil de qn   des mails   l'ordinateur de qn   de la musique
> aux jeux vidéo   en ligne   une émission   un mot de passe   sur Internet   un commentaire
> des photos   le blog de qn   sur son blog

1. être _____
2. écrire _____
3. lire _____
4. télécharger _____
5. surfer _____
6. jouer _____
7. écouter _____
8. espionner _____
9. pirater _____

b Qu'est-ce qu'on a le droit de faire sur Internet? Qu'est-ce qu'on n'a pas le droit de faire? Note trois idées pour chaque chose. Utilise les expressions de **a**.

✔ Sur Internet, on a le droit de _____

_____

💣 Mais _____

_____

Écrire

4 Regarde le dessin. La mère a lu le journal de sa fille. Imagine leur discussion et écris le dialogue. Utilise les expressions de **2** et **3**. Écris dans ton cahier. (▶ Repères, p. 88 / Qu'est-ce qu'on dit?)

Qu'est-ce que tu fais là Maman?

Écouter et comprendre

5 Lis d'abord les blogs, puis écoute les dialogues. Qu'est-ce que les jeunes écrivent sur leurs blogs? Coche pour chaque blog la bonne case.

Julien
- ☐ Je me suis disputé avec mon père. Il n'aime pas ma copine.
- ☐ Je me suis disputé avec mon père. Il était furieux parce qu'il trouve que je ne suis pas assez gentil avec sa nouvelle copine.
- ☐ Je me suis disputé avec mon père. Il voulait que je vienne chez lui mais ensuite, il a passé tout son temps au téléphone avec sa nouvelle copine.

Samia
- ☐ Je me suis disputée avec ma mère parce qu'elle n'aime pas Valérie, ma nouvelle meilleure copine.
- ☐ Je me suis disputée avec ma mère parce que j'ai passé la soirée chez Victor et pas chez Valérie.
- ☐ Je me suis disputée avec ma mère parce que j'ai chatté jusqu'à minuit avec Valérie et que je n'ai pas préparé l'interro d'anglais.

Lucile
- ☐ Je me suis disputée avec mon frère parce qu'il ne fait rien à la maison et veut que je fasse des trucs pour lui.
- ☐ Je me suis disputée avec mon frère parce qu'il veut dire à mes parents que j'ai des problèmes en anglais.
- ☐ Je me suis disputée avec mon frère parce qu'il ne va plus à son club d'athlétisme.

Grammaire

6 Louis et sa mère se sont disputés à cause de l'ordinateur. Ils ne se parlent plus. Le père veut les aider. Utilise *se demande si/comment/__, veut savoir si/pourquoi/__.* (▶ Repères, p. 89/3)

1. Pourquoi est-ce qu'il passe des heures devant son ordinateur?
2. Avec qui est-ce qu'il chatte toute la nuit?
3. Quand est-ce qu'il va comprendre mes arguments?

4. Pourquoi est-ce qu'elle m'espionne?
5. Combien de temps est-ce qu'elle va m'interdire de jouer sur mon ordi?
6. Est-ce qu'elle a piraté mon mot de passe?

a Le père explique à la mère ce que Louis pense.

4. <u>Louis se demande</u> _____

_____

_____

VOLET 3

b Le père explique à Louis ce que sa mère pense.

1. Ta mère veut savoir _____

_____

_____

_____

Parler

7 a Imagine: tu veux sortir avec tes copains dimanche. Ton père / Ta mère ont d'autres projets pour le week-end. Préparez les rôles. Qui est A et qui est B? Utilisez les expressions de 2. (▶ Repères, p. 88 / Qu'est-ce qu'on dit?)

Partenaire A (Toi)	Partenaire B (Ton père / Ta mère)
– sagt, dass er/sie am Sonntag nicht da ist. Er/sie ist bei Jean.	– bittet das Gesagte zu wiederholen.
– sagt, dass er/sie mit Marie und Jean zu einem Basketballturnier gehen wird. Am Abend wollen sie bei Jean einen Film gucken.	– lehnt ab. Am Wochenende hat die Oma Geburtstag. Dort will die Familie hinfahren und **A** soll mitkommen.
– unterbricht **B** und sagt, dass er/sie nicht kann. Er/Sie hat Marie und Jean versprochen dahinzugehen und möchte es nicht verpassen.	– möchte ausreden dürfen. Sagt **A**, dass sie nichts mehr zusammen machen, weil **A** immer mit Freunden unterwegs ist.
– weist den Vorwurf zurück. Sagt, dass er/sie gestern mit Oma telefoniert hat.	– will Zeit gewinnen, um seine/ihre Gedanken zu sortieren. Er/sie schlägt vor, am Vormittag zur Oma zu fahren, damit **A** am Nachmittag zum Basketballturnier gehen kann.
– ist einverstanden.	

b Échangez les rôles.

FAIS LE POINT facultatif

1 Qu'est-ce qu'on dit?

a Tu t'es disputé/e avec ton/ta corres. Comment est-ce que tu dis cela en français? Écris dans ton cahier.

1. Sage, dass es dir reicht.
2. Sage, dass er nicht das Recht hat, dein Passwort zu hacken.
3. Frage ihn, ob er es wirklich wissen will.
4. Sage ihm, dass er lügt.
5. Du fragst dich, was du gemacht hast.
6. Sage, dass das abscheulich ist.
7. Bitte ihn, nicht in diesem Ton mit dir zu reden.
8. Sage, was für ein Quatsch das ist.
9. Entschuldige dich.

b Les tâches ménagères, ce n'est pas toujours drôle. Retrouve les mini-dialogues.

☐ C'est vrai, ce n'est pas drôle, mais ne râle pas tout le temps s'il te plaît.

☐ Il y a trop de travail.

☐ Nettoyer la salle de bain, c'est trop pénible.

☐ Oui, nous avons beaucoup de choses à faire, mais on va s'organiser.

c Imagine un autre mini-dialogue comme en **b** avec des phrases de **a**.

– _____

– _____

2 L'impératif avec des pronoms

Continue les phrases suivantes avec le verbe de la liste qui convient. Utilise l'impératif avec un pronom.

dire la vérité à qn   faire confiance à qn   ne pas croire qn   parler à qn   se dépêcher   s'excuser

1. Tu ne peux pas mentir à ta mère. _____!

2. Les autres nous attendent. _____!

3. Tu lui as fait mal. _____!

4. Tes parents veulent comprendre ce que tu penses. _____!

5. Je te dis la vérité. _____!

6. Jacques ment. _____!

4

3 La mise en relief

C'est à cause de David que sa mère est furieuse. Qu'est-ce qu'elle lui dit? Utilise la mise en relief.

1. <u>Tu</u> as laissé tes affaires dans la salle de bains? _____
2. <u>Ton jean</u> est au milieu du salon! _____
3. Tu fais tes devoirs <u>à cette heure</u>?! _____
4. Tu travailles <u>avec cette musique</u>?! _____
5. Tu as ton interro de maths <u>demain</u>! _____
6. <u>Je</u> dois tout faire ici. _____

4 L'interrogation indirecte | Die indirekte Frage

Tu es dans une auberge de jeunesse française avec ta classe. Tes copains ont beaucoup de questions, mais le directeur ne comprend pas l'allemand. Pose les questions et utilise l'interrogation indirecte.

1. Gibt es hier einen Fernseher?
2. Wo sind die Duschen?
3. Kann man hier kochen?
4. Wie geht man zum Supermarkt?
5. Wann schließen die Geschäfte?
6. Um wie viel Uhr frühstücken wir?

1. _Il demande_ _____
2. _____
3. _____
4. _____
5. _____
6. _____

5 Les verbes

Complète les phrases par des formes du verbe *croire* au présent, à l'imparfait ou à l'impératif.

1. Je _____ que j'ai oublié mes devoirs à la maison.
2. Vous ne _____ pas qu'on pourrait regarder autre chose?
3. Le bon chemin, c'est par ici. _____-moi.
4. Avant, je _____ que le Père Noël existait vraiment.

Fais le point

Tu es en forme pour l'unité 5? facultatif

1 a Quel temps est-ce qu'il fait? Retrouve les phrases et note-les à côté du bon dessin. Parfois il y a plusieurs possibilités.

> Il fait cadhu.   Il giene.
> Il fait aube.   Il y a du tven.
> Il y a du lisole.
> Il èlge.   Il tuple.
> Il fait drifo.

1. _____
2. _____
3. _____
4. _____
5. _____
6. _____
7. _____
8. _____

b Quel temps fait-il chez toi maintenant? Quel temps faisait-il la semaine dernière / à ton anniversaire / ___? Écris quatre à six phrases. Utilise les phrases de a.

2 Les jeunes parlent de leurs vacances. Qu'est-ce qui va ensemble? Trouve une expression et complète les phrases.

> c'est cool   t'accompagner   ça ne me plaît pas du tout   se mettre d'accord sur le programme
> me donne envie d'y aller   partir avec ma famille   prendre mon temps   dormir sous la tente

1. Les nuits au camping, c'est trop cool! J'adore _____!

2. Je n'aime pas beaucoup les vacances au bord de la mer au mois de juillet! La plage, quand il y a beaucoup de monde, _____!

3. Nous devons discuter: Qu'est-ce que vous voulez faire? Il faut _____ .

4. Les vacances avec les parents, je suis contre! Je déteste _____ .

5. Je veux être tranquille. J'aime _____ .

6. Quand je vois cette photo, je voudrais aller à Paris! Cette affiche _____ .

7. Tu vas à la campagne ce week-end? Je pourrais peut-être _____ .

8. Les randonnées dans la nature, ça me plaît! La montagne, _____!

Tu es en forme pour l'unité 5? _____

3 Où est-ce que tu voudrais passer tes vacances? Dis pourquoi tu ♥♥ / ♥ / ✖ / 💣 ces endroits. Complète et utilise le pronom *y*.

1. J'aime _____ les festivals de musique parce qu'on peut y écouter plein de groupes.
2. _____ la ville _____.
3. _____ la montagne _____.
4. _____ la mer _____.
5. _____ la campagne _____.
6. _____ les musées _____.
7. _____.

4 a L'acteur français Kev Adams présente son nouveau film dans un cinéma près de chez toi. Tu prépares des questions pour le journal de ton école. Complète les questions avec une forme de *quel*.

quel	quelle
livre	couleur
quels	**quelles**
vêtements	chansons

1. Dans _____ école est-ce que vous êtes allé?
2. _____ genre d'élève est-ce que vous étiez?
3. _____ styles de musique est-ce que vous écoutez chez vous?
4. _____ sont vos bédés préférées?
5. Avec _____ actrice est-ce que vous voulez jouer?

b Écoute l'interview. Que répond Kev Adams aux questions de **a**? Note les réponses dans ton cahier.

5 Astrid veut aller chez Franck. Complète par *savoir* ou *venir* à la forme qui convient.

Théo: Salut Astrid, on est chez Franck ... Tu _____?

Astrid: Euh oui ... je voudrais _____ ... mais ... est-ce que tu _____ quel métro je dois prendre?

Théo: Non, je ne _____ pas ... Attends, peut-être que les autres le _____.

Théo: Allô Astrid ... écoute ... Le père de Franck a du temps, alors nous _____ te chercher tous ensemble, d'accord?

Astrid: D'accord! C'est super sympa! Vous _____ quand vous arrivez?

Théo: Dans une demi-heure, on est chez toi. À plus!

Tu es en forme pour l'unité 5?

Unité 5 Vacances en Bretagne

VOLET 1

Lire et comprendre

1 Relis le texte dans ton livre, p. 96–97. Quel jeune a écrit quelle carte? Écris le nom qui convient.

1 Salut petite sœur!
Cette année le temps n'est pas aussi beau que l'année dernière, mais la Bretagne est quand même géniale! Et toi, ça va à la maison avec les parents? Je t'embrasse _____

2 Chère maman,
il fait un peu froid pour les activités sur l'eau mais j'adore les balades en forêt où on doit trouver des trésors! L'ambiance est super, j'ai des nouveaux copains et on veut tous revenir l'année prochaine! À plus, _____

3 Cher papa, chère maman,
Je fais des randonnées dans la montagne et je m'amuse bien. J'ai même observé des animaux avec des jumelles! C'est encore mieux que l'année dernière! Bisous _____

4 Chère mamie,
Grosses bises de nos vacances à la mer. Papa et maman t'embrassent aussi!
_____ qui t'aime!

5 Salut Riri,
alors, pas trop de stress dans ta colo? Moi, je passe des journées très tranquilles chez mes cousins et ça me plaît!
Salut! _____

Vocabulaire et expression

2 a En colo, on peut faire du sport. Écris les mots dans le tableau. (▶ Liste des mots, p. 196–198)

	faire
sport de montagne	du parapente,
sport d'équipe	
sport sur ou dans l'eau	
autre	

b Et toi, quels sports est-ce que tu fais/aimes? Utilise les mots de **a**. Écris dans ton cahier.

Grammaire

3 De quoi est-ce qu'ils parlent? Complète les phrases en-dessous des dessins. (▶ Repères, p. 106/1)

«J'y vais chaque année.»   «J'en suis ressortie avec beaucoup de vêtements.»   «On y trouve des tableaux très célèbres.»

«J'en suis revenu fatigué.»   «Samedi prochain, j'y retourne.»   «J'en suis parti à 18 heures.»

1. Elle va chaque année _____.

2. Elle est ressortie _____ avec beaucoup de vêtements.

3. On trouve des tableaux très célèbres _____.

4. Il est revenu fatigué _____.

5. Samedi prochain, elle retourne _____.

6. Il est parti _____ à 18 heures.

4 Olivia est fan de colo. Elle y va depuis huit ans. Elle raconte ses expériences. Souligne les noms qu'elle remplace. Puis complète avec le pronom *en* ou *y*. (▶ Repères, p. 106/1)

Ma première colo était <u>en Alsace</u>. J'_y_ ai rencontré une fille super sympa: Adeline. Un an après, je suis allée dans les Cévennes, à la colo Beau Regard. C'était génial. J'____ suis retournée encore trois fois et chaque fois, j'____ suis revenue avec des super souvenirs. Ensuite, j'ai fait une colo en Bretagne. On a visité la cathédrale de Quimper avec un guide très bizarre. Quand on ____ est ressortis, on n'arrêtait pas de rigoler! Après, on a passé une semaine à Concarneau dans une école de voile.

On ____ a fait des trucs formidables! Cette année, j'ai choisi une colo camping et randonnée dans les Pyrénées. J'____ ai passé deux semaines sympas, mais après je suis tombée pendant une balade à Gavarnie et j'____ suis revenue avec un bras cassé[1]!

1 **cassé/e** *adj.* gebrochen

5 C'est l'arrivée à la colo. Il faut s'organiser. Complète les questions par *lequel, laquelle, lesquels* ou *lesquelles*. (▶ Repères, p. 107/2)

1. – Je prends le lit à côté de la fenêtre!
   – _____?

2. – Tu as vu les garçons, là-bas, dans la cour?

   – _____? Il y a un tas de garçons dans la cour!

3. – Ce n'est pas possible, les coordonnées ne sont pas bonnes!
   – Attends, _____?

4. – Tu peux nous chanter une chanson d'Amy Winehouse?

   – Bien sûr! Mais _____?

Médiation

6 a Ton/Ta corres qui habite à Nantes te propose de l'accompagner en colo pendant les vacances de printemps. Il/elle a choisi la colo «Opération Robinson». Tu montres les informations à tes parents et tu réponds à leurs questions.
(▶ Méthodes, p. 149/29)

1. Was ist das Thema des Feriencamps?
2. Was werdet ihr im Feriencamp machen?
3. Wo findet das Feriencamp statt?
4. Wie alt muss man sein?
5. Wie viel kostet es?
6. Wie viele Betreuungspersonen gibt es pro Teilnehmer?

b Est-ce que tu as envie d'y aller? Pourquoi (pas)? Écris un mail à ton/ta corres.

Opération Robinson

Taux d'encadrement
1 adulte pour 5 jeunes

10–14 ans
Type **Techniques de survie**
À partir de **619 €**

Tu adores «Koh Lanta»? Tu as adoré l'histoire de «Robinson Crusoé»? Ce séjour est fait pour toi…

Pour te permettre de te préparer à tes futures aventures, tu vas apprendre quelques techniques de survie: faire du feu et le conserver, aménager le camp et construire une vraie grande cabane, savoir réagir en cas d'urgence et donner les premiers secours… Et, pour finir, tu passeras deux jours en pleine nature!

© Telligo, 2014

Les ➕ du séjour:
→ Découvrir plein de techniques pour faire du feu
→ Apprendre à construire une cabane
→ Partir en «opération survie» et dormir à la belle étoile

VOLET 2

Lire et comprendre

1 Relis le texte, p. 100–101. Fais ce quiz. Note les noms avec l'article défini ou indéfini.

1. C'est un dessert qu'on fait avec des œufs, de la farine et du lait et qu'on mange très souvent en Bretagne!

   ___ _____

2. C'est la couleur de la côte entre Trégastel et Ploumanac'h.

   _____

3. C'est une personne célèbre qui a son rocher dans la forêt de Paimpont.

   _____

4. Ce sont des pierres très hautes et très vieilles qu'on trouve souvent en Bretagne. Obélix en porte souvent!

   ___ _____

5. C'est la capitale de la Bretagne, on y trouve le parlement et un tas d'endroits intéressants à visiter!

   _____

6. C'est le nom d'un corsaire très célèbre qui a habité à Saint-Malo.

   _____

7. C'est une tour sur la côte avec une grande lampe pour signaler les rochers aux bateaux la nuit.

   __ _____ ___ ___

Vocabulaire et expression

2 Est-ce que tu connais la Bretagne? Complète le dessin. (▶ Liste des mots, p. 198–200)

3 C'est le départ pour la colo! Complète les phrases par les formes des verbes *pouvoir* ou *savoir*.

1. Mon fils ne doit pas aller dans l'eau, il ne _____ pas nager.

2. C'est la catastrophe! J'ai oublié mes lunettes! Je ne _____ rien lire.

3. Est-ce que vous _____ à quelle heure le car va arriver?

4. Ma fille n'aime pas dessiner. Elle ne va pas _____ faire l'atelier de manga.

5. Au revoir mon chéri, tu _____ m'appeler quand vous arrivez?

6. Allez les jeunes, vous _____ monter dans le car.

Regarder et comprendre

4 Regarde la séquence. Où est-ce que Léonie va passer ses vacances? Justifie ta réponse.

Grammaire

5 L'animateur de la colo est amoureux! Il appelle sa copine six fois par jour et il lui dit ce qu'il vient de faire et ce qu'il est en train de faire. Utilise les verbes de l'encadré. Écris dans ton cahier.
(▶ Repères, p. 107/3–4)

chanter autour du feu   se lever   découvrir les menhirs   t'écrire une carte
finir le dessert   faire les courses   faire un pique-nique   jouer au foot
préparer le repas   se coucher   prendre le petit-déjeuner   sortir du bus

Exemple:
1. On vient de se lever et on est en train de …

6 Il y a beaucoup de monde au café. Complète les phrases avec les bonnes formes des verbes *boire* et *pleuvoir*. Utilise le présent et le passé composé. (▶ Verbes, p. 158–159)

Mais dites donc! Il _____ dehors! _____ un chocolat chaud!

Et votre chien, qu'est-ce qu'il _____ ?

Je _____ de l'eau.

– Qu'est-ce qu'ils _____ à côté?

– Je ne sais pas … Je crois qu'il faut être courageux pour _____ ça!

Il ____ beaucoup _____ hier, mais aujourd'hui, il fait beau!

Les enfants, ça suffit, vous _____ déjà trop _____ trois coca!

Apprendre à apprendre

7 a Toi et les dictionnaires, ça fait deux? Entraîne-toi. Cherche les mots suivants dans un dictionnaire en ligne. Écoute la prononciation et répète les mots. Attention: parfois il faut rechercher plusieurs mots. (▶Méthodes, p.137/5)

1. l'excursion *f.*
2. le gouffre
3. le parc national
4. la soirée disco
5. la foire
6. la chasse au trésor
7. la randonnée nocturne
8. le feu de camp
9. le jeu «action ou vérité»
10. la mine

CD 29

b La chaîne à l'envers[1]. Écoute et répète les phrases pour entraîner ta prononciation. Attention: elles commencent par la fin! (▶Méthodes, p.140/14.1)

[1] la chaîne à l'envers Rückwärtskette

Parler

8 a Tu es chez ton/ta corres en France. Vous voulez faire une activité. Qui est A et qui est B?

Partenaire A (Toi)	Partenaire B (Ton/Ta corres)
– fragt **B**, was sie unternehmen werden.	– schlägt vor, einen Comic-Workshop zu machen.
– sagt, dass er/sie nicht besonders gerne zeichnet. Aber er/sie macht gerne Sport.	– fragt, was **A** machen möchte.
– antwortet, dass er/sie gerne im Hochseilgarten Baumklettern geht.	– antwortet, dass es nicht möglich ist. Sie können stattdessen schwimmen gehen.
– er/sie hat heute keine Lust darauf.	– fragt, worauf **A** Lust hat.
– antwortet, dass er/sie gerne Rätsel löst und gerne in der Natur ist.	– schlägt vor, im Wald Geocaching zu machen.
– findet die Idee super. Schlägt vor, danach ein Picknick im Wald zu machen.	– ist einverstanden.

b Échangez les mots soulignés par d'autres et recommencez. Échangez les rôles.

Écrire

9 Voilà des photos de l'album de vacances de Léane/Léandre. Mets-toi à sa place. Tu écris une lettre à ta grand-mère dans laquelle tu racontes ce que tu as fait pendant les vacances.

FAIS LE POINT facultatif

1 Vocabulaire

a Le quatrième mot. Trouve le mot qui manque et note-le.

heureux – malheureux   facile – _____

la nourriture – manger   la boisson – _____

la pomme – les fruits   les baskets – _____

partir – le départ   découvrir – _____

le prof – l'école   le clown – _____

le foot – le ballon   l'équitation – _____

la montagne – la vallée   la ville – _____

le déjeuner – le dîner   la journée – _____

la pierre – le rocher   la mer – _____

la neige – neiger   la pluie[1] – _____   **1 la pluie** der Regen

b Madame Lecouëdic a fait une découverte bizarre dans sa poubelle. Elle raconte l'histoire à son amie. Complète par les mots suivants.

> autour   donc   environ   sûr   sûrement   tout de suite   vides   vraiment

Il était _____ quatre heures quand j'ai vu une personne bizarre dans la cour. Je

ne sais pas _____ ce qu'elle faisait, mais elle tournait _____

des poubelles, ça, c'est _____ ! Je suis descendue pour voir, mais quand je suis

arrivée, elle est partie _____. J'ai pensé: «elle a _____ caché un

truc horrible dans la poubelle parce qu'elle est repartie les mains _____ !» C'était

trop bizarre. J'ai _____ ouvert la poubelle et j'ai trouvé cet objet incroyable!

c Quelle image correspond à l'histoire?

2 *être en train de* + infinitif / *venir de* + infinitif

Complète les phrases avec *être en train de* **ou** *venir de*.

<mark>*construire*</mark> un château

1. _____   2. _____

<mark>*faire*</mark> un gâteau au chocolat

3. _____   4. _____

3 Le pronom *en*

Y ou en? Complète les mini-dialogues.

1. – Vous connaissez le parc du Thabor?

   – Oui, on _____ est allé, c'était super!

2. – Vous avez déjà vu la côte vers Trégastel?

   – Oui, on _____ revient, c'est magnifique!

3. – Il y a un film sur Surcouf au cinéma!

   – Oui, j'_____ vais ce soir avec ma sœur!

4. – Ce restaurant a l'air sympa …

   – Oui … mais quand on _____ sort, on a encore faim!

4 Le pronom interrogatif *lequel/lesquels/laquelle/lesquelles*

Bécassine est un célèbre personnage breton. Elle va à Paris pour travailler chez des gens riches, mais elle ne comprend pas toujours très bien et a beaucoup de questions. Complète par *lequel*.

1. Je dois prendre un train pour aller à Paris mais _____ ?

2. Je dois acheter des légumes mais _____ ?

3. Je dois ranger la chambre mais _____ ?

4. Je dois préparer des activités pour les enfants mais _____ ?

MODULE E Si ça continue comme ça, …!

1 Au 22ᵉ siècle, tout sera différent. Complète les phrases par des formes au futur simple. (▶ p. 109/4)

1. On _____ (travailler) dans plusieurs pays à la fois et on _____ (parler) dix à douze langues!

2. Le téléphone et le portable n'_____ plus (exister) et on _____ (téléphoner) avec des «nanophones» qui _____ (avoir) des casques.

3. Les gens ne _____ plus (sortir) pour faire leurs courses et ils _____ (partir) en vacances dans des voitures volantes[1].

5. Nous _____ (habiter) peut-être sur d'autres planètes[2] et nous _____ (lire) l'avenir[3] sur des tablettes.

<small>1 la voiture volante das fliegende Auto 2 la planète der Planet 3 l'avenir m. die Zukunft</small>

2 a Le dernier jour au collège, Léonard prend des bonnes résolutions[1] pour l'année prochaine. Complète ce qu'il dit par des formes des verbes suivants au futur simple. (▶ p. 109/4)

attendre   aller   avoir   vouloir   écouter   être   faire   finir   lire   prendre

1. Je _____ mes devoirs tous les jours.
2. Oui, je _____ faire des d'efforts!
3. J'_____ les profs.
4. Je n'_____ plus de 0 sur vingt en maths.
5. Je _____ plus sympa avec les autres.
6. Je _____ plus de livres.
7. Je _____ ce que j'ai commencé!
8. J'_____ ma sœur après les cours.
9. Je _____ le bus avec elle.
10. J'_____ au CDI une fois par semaine.

<small>1 prendre des bonnes résolutions gute Vorsätze fassen</small>

b Dédé et Jojo sortent de prison. Quelles sont leurs bonnes résolutions pour l'avenir[3]? Imagine. Écris au moins six phrases comme en **a** dans ton cahier. Utilise le futur simple.

<small>3 l'avenir m. die Zukunft</small>

MODULE E

3 Tu es en Bretagne. Comment sera le temps demain? Écoute le bulletin météo et coche le bon dessin.

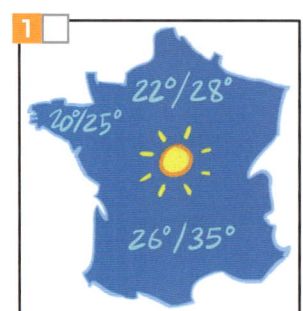  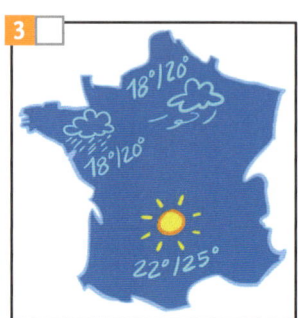

4 Les Gautier parlent de ce qu'ils veulent faire demain. Qu'est-ce qu'ils disent? Complète les phrases. Utilise le présent et le futur simple. (▶ p. 109/5)

1. S'il _____ beau, nous _____ à la plage. (faire / aller)

2. S'il y _____ des belles vagues, vous _____ faire du surf. (avoir / pouvoir)

3. Et s'il _____, eh bien, nous _____ au camping et les enfants _____ aux cartes … (pleuvoir / rester / jouer)

4. Si vous _____, on _____ la journée à Brest. (vouloir / passer)

5. Si on _____ le temps, on _____ des souvenirs. (avoir / acheter)

5 Des jeunes sont en colonie de vacances. Qu'est-ce qu'ils disent? Écris les phrases conditionelles dans ton cahier. (▶ p. 109/5)

1. nous / faire – faire beau?
2. faire beau – nous / jouer au beach-volley
3. vous / être d'accord – on / jouer au beach-volley
4. nous / avoir assez d'argent – nous / manger une glace
5. nous / faire – pleuvoir?
6. pleuvoir – nous / aller à Saint-Malo
7. on / visiter / la Maison du Québec – elle / être ouvert
8. on / prendre le bateau – on / avoir le temps

6 Trouve, pour chaque début de phrase, trois fins possibles. Écris dans ton cahier. (▶ p. 109/5)

1. Si ça continue comme ça, ___.
2. Si tu veux, ___.
3. Si ___ n'est pas là dans cinq minutes, ___.
4. On peut aller au cinéma si/s' ___.
5. Je viendrai te voir si/s' ___.
6. Si j'ai assez d'argent, ___.

1. Si ça continue comme ça, je pars sans toi.

MODULE E

SOLUTIONS FAIS LE POINT

Unité 1 (Fais le point, S. 18–19)

1 (Beispielsätze)
1. À sept heures et demie, je me lève.
2. À sept heures quarante, je prends ma douche.
3. À huit heures moins le quart, je m'habille.
4. À huit heures moins cinq, je me dépêche d'aller à l'école parce que c'est un peu tard.

Wenn du Schwierigkeiten hattest:
▶ Übe noch einmal die Rubrik *Qu'est-ce qu'on dit?* in den *Repères* auf S. 23.
▶ In den *Repères* auf S. 161 kannst du die Konjugation der reflexiven Verben nachlesen.
▶ Löse dann die Förderübung im Beiheft, S. 2/1.

2
A1   F5
B8   G3
C2   H7
D6   I4

3
– Vous êtes déjà allés au Louvre?
– Oui, nous **y avons** vu la Joconde, mais il y avait trop de monde!
– Alors on **peut y retourner** aujourd'hui!
– D'accord! Et après, on pourrait aussi aller à Belleville!
– À Belleville? Je ne sais pas … Qu'est-ce que tu **veux y visiter**?
– C'est un quartier sympa. On **y trouve** des boutiques de tous les styles!

▶ Lies dir noch einmal die *Repères* auf S. 24/1 und löse dann die Förderübungen im Beiheft, S. 3/3.

4 Quand j'**étais** petit, nous **habitions** rue Beaubourg, dans le premier arrondissement. Le quartier des Halles comme il est aujourd'hui et le Centre Pompidou n'**existaient** pas encore, mais le quartier **était** déjà très animé. Il y **avait** des vendeurs à tous les coins de rue qui vous **vendaient** tout ce que vous **vouliez**! On **pouvait** acheter des fruits et des légumes.

▶ Schau dir den Abschnitt 2 der *Repères* auf S. 25 noch einmal an.
▶ Löse dann die Förderübung im Beiheft, S. 4/4.

5 C'**était** une belle journée de printemps. Des ouvriers de la ville de Paris **travaillaient** sous le pont Neuf. Tout à coup, ils **ont vu** quelque chose qui **bougeait** dans un coin. Ils **ont regardé** et ils **ont découvert** un animal. C'**était** un crocodile d'un mètre de long qui les **attendait** là! Ils **ont eu** très peur! Mais heureusement, l'animal **n'a pas agressé** les hommes. Les ouvriers **ont appelé** le zoo.

▶ In den *Repères* auf S. 25/3 kannst du nachlesen, wie eine Geschichte in der Vergangenheit erzählt wird.
▶ Löse dann die Förderübung im Beiheft, S. 4/5.

6
1. Moi, je **cours**!
2. Elle **suit** ses chiens!
3. Ils **construisent** un château.

▶ Schlage die Konjugation der Verben *suivre, courir* und *construire* auf den Seiten 158 und 160 nach.
▶ Lerne die Konjugation auswendig. Du kannst auch die Verbkartei aus deinem Arbeitsheft (S. 24 im Förderheft und auf der CD-ROM) verwenden.
▶ Löse anschließend die Förderübung im Beiheft, S. 5/6.

Unité 2 (Fais le point, S. 33–34)

1 1b; 2b; 3a; 4a; 5b; 6b; 7a; 8b

Wenn du Schwierigkeiten hattest:
- Übe noch einmal die Rubrik *Qu'est-ce qu'on dit?* in den *Repères* auf S. 23.
- Löse dann die Förderübung im Beiheft, S. 6/1.

2 l'amitié: la confiance, s'éclater, prendre la défense de qn, parler sérieusement, ne pas décevoir qn, aider qn
un film: les acteurs, l'acteur/l'actrice, l'histoire, la scène, drôle, ennuyeux/ennuyeuse, réaliste
un livre: le narrateur/la narratrice, le roman (d'amour, de fantasy …), le thème, l'auteur/e, l'histoire, réaliste, les personnages principaux, ennuyeux/ennuyeuse, drôle

- Übe die Vokabeln und ihren Artikel mit Hilfe der Wortliste auf S. 176–181, in dem du immer eine rechte Spalte abdeckst.
- Löse dann die Förderübung im Beiheft, S. 6/2.

3 autrement, facilement, heureusement, ouvertement, tristement, vraiment
1. Alors, vous avez trouvé **facilement** le chemin?
2. Ce livre parle d'une famille **heureuse**.
3. Il faut dire **ouvertement** ce que tu penses.
4. Tu veux bien chanter une **autre** chanson?
5. Arrêtez! Vous êtes **vraiment** pénibles!
6. Lucas a regardé **tristement** son amie qui partait.

- Die Bildung der Adverbien kannst du auch in den *Repères* auf S. 44/1 nachschlagen.
- Löse dann die Förderübung im Beiheft, S. 7/3.

4 1. le personnage principal
2. une vie normale
3. des amis géniaux
4. des vacances idéales

- Schau dir den Abschnitt 2 der *Repères* auf S. 45 noch einmal an.
- Löse dann die Förderübung im Beiheft, S. 8/4.

5 Qui est cette fille **avec laquelle** Saïd parle?
Ce sont les deux villes **dans lesquelles** vivent beaucoup de jeunes.
J'aime les gens **sur lesquels** on peut compter!
C'est un film **pendant lequel** on s'ennuie terriblement!
Chloé et Mario sont des amis **sans lesquels** je ne fais rien!

- Lies noch einmal die *Repères* auf S. 45/3.
- Löse dann die Förderübung im Beiheft, S. 8/5.

6 Tu es triste à cause de **ce que** je t'ai dit?
C'est super cool ici! Je peux faire **ce qui** me plaît.
Je ne comprends pas **ce qui** les dérange.
Et tu sais **ce que** cet idiot m'a répondu?

- Schau dir den Abschnitt 4 der *Repères* auf S. 45 noch einmal an.
- Löse dann die Förderübung im Beiheft, S. 9/6.

7 1. Autrefois, je **vivais** à Marseille, maintenant, je **vis** à Paris.
2. – Alors, le film vous **a plu**, hier soir?
– Oui! Les films de Dany Boon nous **plaisent** toujours!
3. – Pourquoi est-ce que vous **riez** comme ça? Vous **savez** que ça m'énerve? – Tu n'es pas drôle, tu ne **ris** jamais! Tu nous **déçois**.

- Wiederhole die Verbkonjugation mit Hilfe der Verbliste auf den Seiten 158–160.
- Du kannst für jedes neue Verb eine Verbkartei anlegen (S. 24 im Förderheft und auf der CD-ROM).
- Löse dann die Förderübung im Beiheft, S. 9/6.

Unité 3 (Fais le point, S. 48–49)

1 1. Le Québec est la plus grande province du Canada et compte huit millions d'habitants. 2. Québec est la capitale et Montréal est la plus grande ville. 3. La langue officielle est le français et 83% des Québécois sont francophones. 4. Au Nunavik, les Inuits parlent inuktitut et anglais. Ils apprennent le français à l'école.

Wenn du Schwierigkeiten hattest:
- Lies die Texte der *Unité* 3 noch einmal durch und finde die passenden Ausdrücke.
- Übe noch einmal die Rubrik *Qu'est-ce qu'on dit?* in den *Repères* auf S. 66.
- Löse dann die Förderübung im Beiheft, S. 10/1.

2 les animaux: le caribou, l'ours noir, l'ours blanc, la baleine; la nature/géographie: la forêt, les lacs, les rivières, l'été indien; les activités: la balade en traîneau à chiens, la pêche sur glace, le ski de fond, le hockey sur glace; les spécialités: la poutine, le sirop d'érable, la soupe aux pois; le climat: –30°, geler, la neige, le froid

- Übe die Vokabeln und ihren Artikel mit Hilfe der Wortliste auf S. 182–190, in dem du immer eine rechte Spalte abdeckst.
- Löse dann die Förderübung im Beiheft, S. 10/2.

3 1. Anna vient **d'**Allemagne. Avant, elle vivait **au** Canada, maintenant, elle vit **aux** États-Unis. Elle connaît bien **le** Portugal et **la** Tunisie.
2. Valentin vient **de** Belgique. Il vit **en** Chine. Il a vécu **en** Inde aussi. Il connaît **le** Canada et **les** États-Unis.

Wenn du die Präpositionen und Artikel vor Ländernamen noch nicht beherrschst,
- wiederhole die Übung S. 54/4 in deinem Buch.
- Lies den Abschnitt 1 in den *Repères* auf S. 66 noch einmal.
- Löse dann die Förderübung im Beiheft, S. 11/3.

4 1. **Qui est-ce que**   3. **Qu'est-ce qui**
2. **Qui est-ce qui**   4. **Qu'est-ce qui**

- Schau dir den Abschnitt 2 der *Repères* auf S. 66 noch einmal an.
- Löse dann die Förderübung im Beiheft, S. 12/4.

5 1. **s'est levée, s'est préparée, s'est dépêchée**
2. **se sont promenés, se sont arrêtées**

- In den *Repères* auf S. 67 kannst du die Bildung des *passé composé* der reflexiven Verben nachlesen.
- Löse dann die Förderübung im Beiheft, S. 12/5.

6 1. Avant de prendre sa douche, il a pris son petit-déjeuner. 2. Avant de ranger son bureau, il a fait son sac. 3. Avant de partir à l'école, il a dit «au revoir» à ses parents.

- Schau dir den Abschnitt 4 der *Repères* auf S. 67 noch einmal an.
- Löse dann die Förderübung im Beiheft, S. 13/6.

7 1. Oui, **il y en a (beaucoup / un peu / assez)**.
2. Non, **il n'y en a pas/plus**.

- Schau dir den Abschnitt 5 der *Repères* auf S. 67 noch einmal an.
- Löse dann die Förderübung im Beiheft, S. 14/7.

8 1. Notre guide parle aussi bien français qu'anglais. Mais chez elle, / Mais à la maison, elle parle le plus souvent inuktitut. 2. Nous nous déplaçons en motoneige parce que ça va plus vite. 3. À l'hôtel «Koksoak», j'ai mieux dormi qu'au camping. 4. Et j'ai moins bien dormi sous la tente que dans l'igloo. 5. Demain, on va partir le plus tôt possible pour observer les animaux dans la nature.

- Die Steigerung des Adverbs kannst du auch in den *Repères* auf S. 67/6 nachschlagen.
- Löse dann die Förderübung im Beiheft, S. 14/8.

9 (Beispielsätze) Sur le dessin de droite, il y a moins de motoneiges que sur le dessin de gauche. Sur le dessin de droite, il y a autant de maisons que sur le dessin de gauche. Sur le dessin de droite, il y a plus de chiens que sur le dessin de gauche.

Wenn du die Mengenangaben noch nicht beherrschst,
- wiederhole die Übung S. 62/6 in deinem Buch.
- Löse dann die Förderübung im Beiheft, S. 15/9.

Unité 4 (Fais le point, S. 61–62)

1 a
1. J'en ai marre!
2. Tu n'as pas le droit de pirater mon mot de passe!
3. Tu veux vraiment le savoir?
4. Tu mens!
5. Je me demande ce que je t'ai fait.
6. C'est dégoutant/dégueulasse!
7. Excuse-moi.
8. Ne me parle pas comme ça, s'il te plaît!
9. N'importe quoi!

b – Il y a trop de travail! – Oui, nous avons beaucoup de choses à faire, mais on va s'organiser! – Nettoyer la salle de bain, c'est trop pénible! – C'est vrai, ce n'est pas drôle, mais ne râle pas tout le temps s'il te plaît!

c (Beispiellösung) – Je me demande ce que je t'ai fait. – Tu veux vraiment le savoir?

> Wenn du Probleme hattest, diese Aufgabe zu lösen, übe regelmäßig mit der Rubrik *Qu'est-ce qu'on dit?* in den *Repères* (S. 88). Hast du Probleme mit der Rechtschreibung, dann schreibe die Sätze auf.
> Wiederhole auch die Texte der *Unités* regelmäßig. Lies einen Satz laut vor, schreibe ihn dann auf und vergleiche mit der Vorlage.
> Löse auch die Förderübung im Beiheft, S. 16/1.

2
1. Dis-lui la vérité!
2. Dépêchons-nous!
3. Excuse-toi!
4. Parle-leur!
5. Fais-moi confiance!
6. Ne le crois pas!

Der Imperativ mit Pronomen bereitet dir noch Schwierigkeiten?
> Dann kannst du die Bildung des Imperativs mit Pronomen in den *Repères* auf S. 88/1 nachschlagen.
> Löse auch die Förderübung im Beiheft, S. 16/2.

3
1. C'est toi qui as laissé ses affaires dans la salle de bains?
2. C'est ton jean qui est au milieu du salon?!
3. C'est à cette heure que tu fais tes devoirs?!
4. C'est avec cette musique que tu travailles?!
5. C'est demain que tu as ton interro de maths!
6. C'est moi qui dois tout faire ici!

> Schau dir den Satzteil an, der nach dem Relativpronomen kommt. Ist ein Subjekt da?
> Nein? → Das Relativpronomen ist *qui*.
> Ja? → Das Relativpronomen ist *que*.
> Schau dir den Abschnitt 2 der *Repères* auf S. 89 noch einmal an.
> Löse dann die Förderübung im Beiheft, S. 17/3.

4
1. Il demande s'il y a une télé ici.
2. Elle veut savoir où sont les douches.
3. Il demande si on peut cuisiner ici.
4. Il veut savoir comment on va au supermarché.
5. Elle veut savoir quand les magasins ferment.
6. Elle veut savoir à quelle heure on prend le petit-déjeuner.

Wenn dir die indirekte Frage noch Probleme bereitet:
> Lies den Abschnitt 3 der *Repères* auf S. 89 noch einmal genau durch.
> Denke immer daran, auch Pronomen und Verbformen wenn nötig anzupassen!
> Löse dann die Förderübung im Beiheft, S. 18/4.

5
1. Je **crois** que j'ai oublié mes devoirs à la maison.
2. Vous ne **croyez** pas qu'on pourrait regarder autre chose?
3. Le bon chemin, c'est par ici. **Crois**-moi.
4. Avant, je **croyais** que mon père était le vrai Père Noël.

> Schlage die Konjugation des Verbs *croire* auf S. 158 nach.
> Lerne die Konjugation auswendig. Du kannst auch die Verbkartei (S. 24 im Förderheft und auf der CD-ROM) verwenden.
> Löse anschließend die Förderübung im Beiheft, S. 19/5.

Unité 5 (Fais le point, S. 71–72)

1 a
facile – difficile
la boisson – boire
les baskets – les chaussures
découvrir – la découverte
le clown – le cirque
l'équitation – le cheval
la ville – la campagne
la journée – la soirée
la mer – l'océan
la pluie – pleuvoir

▶ Übe die Vokabeln und ihren Artikel mit Hilfe der Wortliste auf S. 196–200, indem du immer eine rechte Spalte abdeckst.
▶ Löse dann die Förderübung im Beiheft, S. 20/1.

b Il était **environ** quatre heures quand j'ai vu une personne bizarre dans la cour. Je ne sais pas **vraiment** ce qu'elle faisait, mais elle tournait **autour** des poubelles, ça, c'est **sûr**! Je suis descendue pour voir, mais quand je suis arrivée, elle est partie **tout de suite**. J'ai pensé: «elle a **sûrement** caché un truc horrible dans la poubelle parce qu'elle est repartie les mains **vides**!» C'était trop bizarre. **Donc** j'ai ouvert la poubelle et j'ai trouvé cet objet incroyable!

c 3

2
1. Elle **est en train de** construire un château.
2. Elle **vient de** construire un château.
3. Il **est en train de** faire un gâteau au chocolat.
4. Il **vient de** faire un gâteau au chocolat.

▶ Denke daran: être *en train de* + Infinitiv = jemand ist dabei etwas zu tun; venir de + Infinitiv = jemand ist gerade mit einer Handlung fertig
▶ Schau dir die Abschnitte 3 und 4 der *Rep*ères auf S. 107/7 noch einmal an.
▶ Löse dann die Förderübung im Beiheft, S. 21/2.

3
1. – Vous connaissez le parc du Thabor?
   – Oui, on **y** est allés, c'était super!
2. – Vous avez déjà vu la côte vers Trégastel?
   – Oui, on **en** revient, c'est magnifique!
3. – Il y a un film sur Surcouf au cinéma!
   – Oui, j'**y** vais ce soir avec ma sœur!
4. – Ce restaurant a l'air sympa …
   – Oui … mais quand on **en** sort, on a encore faim!

▶ Denke daran: *en* ersetzt Ortsangaben mit *de. y* ersetzt alle anderen Ortsangaben.
▶ Schau dir die Abschnitte 3 und 4 der *Rep*ères auf S. 106/1 noch einmal an.
▶ Löse dann die Förderübung im Beiheft, S. 22/3.

4
1. Je dois prendre un train pour aller à Paris mais **lequel**?
2. Je dois acheter des légumes mais **lesquels**?
3. Je dois ranger la chambre mais **laquelle**?
4. Je dois préparer des activités pour les enfants mais **lesquelles**?

Wenn dir der Gebrauch des Fragepronomens noch nicht ganz klar ist,
▶ lies noch einmal die *Repères* auf S. 107/2.
▶ Löse dann die Förderübung im Beiheft, S. 23/4.

Glossaire | Glossar – Übungsanweisungen

Aide-le. / Aide-la.	Hilf ihm. / Hilf ihr.
À l'aide de …	Mit Hilfe der …
Coche le plan qui correspond / la bonne case / la bonne réponse.	Kreuze den passenden Plan / das richtige Kästchen / die richtige Antwort an.
Compare tes résultats / ta réponse avec …	Vergleiche deine Ergebnisse / deine Antwort mit …
Complète (les mini-dialogues / les notes / la grille / le tableau).	Ergänze (die Mini-Dialoge / die Notizen / das Gitter / die Tabelle).
Complète (par les formes du verbe … / les mots suivants).	Ergänze (mit den Verbformen von … / mit diesen Wörtern).
Décris la vie dans (ta ville).	Beschreibe das Leben in (deiner Stadt).
Écris (au moins … / les chiffres / à sa place / les mini-dialogues / les verbes dans la bonne colonne du tableau / le nom qui convient).	Schreibe (mindestens … / die Ziffern auf / an seiner/ihrer Stelle / die Mini-Dialoge / die Verben in die richtige Spalte der Tabelle / den passenden Namen).
Entoure les bonnes fins de phrases.	Kreise die richtigen Satzendungen ein.
Fais un associogramme / une fiche de conjugaison.	Erstelle ein Vokabelnetz / eine Verbkartei.
Fais des comparaisons.	Vergleiche.
Fais le quiz / les mots-croisés.	Löse das Quiz / das Kreuzworträtsel.
Imagine …	Denk dir … aus. / Stell dir vor.
Indique la ligne.	Gib die Zeilenzahl an.
Justifie (ton choix / ta réponse).	Begründe (deine Wahl / deine Antwort).
Mets-toi à sa place.	Versetze dich in seine/ihre Lage.
Note au moins …	Schreibe mindestens …
Note (le bon numéro / les conseils / le maximum de mots).	Notiere (die richtige Nummer / den Rat / so viele Wörter wie möglich).
Parle de tes préférences.	Erzähle von deinen Vorlieben.
Pense à l'accord de l'adjectif.	Denke an die Angleichung der Adjektive.
Prends des notes.	Mache dir Notizen.
Raye les mots / les phrases.	Streiche die Wörter / die Sätze durch.
Récris les phrases dans ton cahier.	Schreibe die Sätze noch einmal in dein Heft.
Relie (pour retrouver le dialogue / pour reconstituer l'histoire).	Verbinde (um die Dialoge zu rekonstruieren / um die Geschichte zu rekonstruieren).
Relis les résumés.	Lies noch einmal die Zusammenfassungen.
Retrouve (le bon programme / les mini-dialogues / les expressions).	Finde (das richtige Programm / die Mini-Dialoge / die Ausdrücke).
Souligne (les bonnes réponses / l'intrus / les noms qu'elle remplace).	Unterstreiche (die richtigen Antworten / „den Eindringling" / die Wörter, die sie ersetzt).
Surligne les mots importants.	Markiere die wichtigen Wörter.
Transforme les phrases.	Wandle die Sätze um.
Trouve (le bon chemin / la bonne fin / comment on dit ces mots en français / les mots ou expressions qui correspondent aux explications / le mot qui manque).	Finde (den richtigen Weg / das richtige Ende / wie man diese Wörter auf Französisch sagt / die Wörter oder Ausdrücke, die den Erklärungen entsprechen / das fehlende Wort).
Utilise (un dictionnaire / les expressions … / au moins …).	Verwende (ein Wörterbuch / die Ausdrücke … / mindestens …).
Vrai ou faux?	Richtig oder falsch?